寅恪
陳寅恪印

唐代政治史略稿

手寫本

陳寅恪 著

上海古籍出版社

圖書在版編目(CIP)數據

唐代政治史略稿手寫本/陳寅恪著. 一上海: 上海古籍出版社, 1988.11(2020.9重印)

ISBN 978-7-5325-0313-1

Ⅰ. 唐… Ⅱ. 陳… Ⅲ.政治制度—歷史—中國—唐代 Ⅳ. D691.2

中國版本圖書館CIP數據核字(2008)第 207086 號

唐代政治史略稿手寫本

陳寅恪 著

上海世紀出版股份有限公司
上 海 古 籍 出 版 社 出版、發行

(上海瑞金二路 272 號 郵政編碼 200020)

(1)網址:www.guji.com.cn

(2)E-mail:gujil@guji.com.cn

(3)易文網網址:www.ewen.co

新華書店上海發行所發行經銷 常州市金壇古籍印刷廠有限公司印刷

開本 889×1194 1/32 印張 9.375 插頁 6

1988 年 11 月第 1 版 2020 年 9月 第 8 次印刷

印數:13,251-14,500

ISBN 978—7—5325—0313—1

K·23 定價:68.00 元

唐代政治史畧稿手寫本序

陳寅恪先生《唐代政治史述論稿》，最早於一九四三年五月，由內遷重慶之商務印書館出版。書名由右向左横行，書名上方，并有「國立中央研究院歷史語言研究所專刊」一行（《隋唐制度淵源畧論稿》形式同）。目録前有簡短自序，文曰：「寅恪嘗草《隋唐制度淵源畧論稿》，於李唐一代法制諸端，妄有所論述。至於政治史事，以限於體例，未能涉及。兹稿所言則以唐代政治史為範圍，蓋所以補前稿之未備也。夫吾國舊史多屬於政治史類，而《資治通鑑》一書，尤為空前傑作，今草兹稿，可謂不自量之至！然區區之意，僅欲令初學之讀《通鑑》者得此參考，或可有所啟發，原不敢謂有唐一代政治史之綱要，悉在此三篇中也。儻承通人君子不誤會草創兹稿之本旨，而糾正其譌謬，何幸如之！壬午七夕陳寅恪書於桂林良豐雁山別墅。」此序與原清寫稿序文文字多有出入，蓋在渝付印前重憶舊序更為之。

本書在重慶出版時，先生五十四歲，其年八月由桂林北行，十一二月間達重慶。樞晋謁時，師語樞云：「此書之出版，係經邵循正用不完整之最初草稿拼湊成書，交商務出版。原在香港手寫清稿，則寄滬遺失矣。」後保存此稿之王君將此稿交上海古籍出版社，由魏同賢同志轉交給我保存。憶其時似先生文集已在出版，清稿之歸還先生不及見矣。

此手寫清稿，原稿封面除「請交上海浙江興業銀行王兼士先生收存、弟寅恪敬託」外，前面尚記有「稿兩種共兩册：一、《唐代政治史稿》二、《魏書司馬叡傳釋證》兩行。當時魏同志僅交我《唐代政治史畧稿》一種，何以當年未再請魏向王索回另外一册《魏書司馬叡傳釋證》稿，已不記憶。書稿兩册外，應有給王兼士信，設今日王仍健在，如能獲得另一册文稿及給王信，亦當年戰亂中一掌故也。

清寫稿係定稿，其中仍有改筆，有紅色校筆，即雙行注與括弧之增減，亦細密斟酌；其他，一字之去留，一筆畫之差錯，一語之補充，及行款形式之改正，無不精心酌度，悉予訂正。由此具見先生思細如髮之精神與忠誠負責之生活態度。先生嘗稱温公讀書之精密，師既已效法之，而更闡發昔賢所未及見到之種種問題，斯先生之所以卓絕於今世也。

先生往矣！先生業績長留天壤間。今兹上海古籍出版社將影印先生手寫《唐代政治史畧稿》，愛珍先生手跡者，將企足望之。今跋先生此稿，追懷當年遺失之恨，益增今得完璧歸趙之歡矣。

一九八六年四月及門弟子蔣天樞敬序

目次

唐代政治史略[redacted]稿

陳寅恪撰

唐代政治史略[redacted]稿

自序

寅恪嘗草隋唐制度淵源略論稿，於李唐一代法制諸端，妄有所論述，而為簡闕，於政治史事[redacted]未能涉及。[redacted]茲稿則以[redacted]唐代政治[redacted]蓋所以補前書之未備也。夫吾國舊史多屬於政治史類，[redacted]資治通鑑一書，尤為空前傑作，今草茲稿，可謂不自量之至，然區區之意，僅欲於袁機仲書中增補一二條目，以便初學，而仍恐其多所疏誤，故付之刊布，以求並世學者之指正，本不敢侈言著作也。通識君子幸諒宥而教誨之！辛巳元旦陳寅恪書於九龍英皇太子道三百六十九號寓廬。

目錄

提行頂格

（上）統治階級之氏族及其升降

朱子語類壹叁陸歷代門叁云：

唐源流出於夷狄，故閨門失禮之事不以為異。

朱子之語頗為簡略，其意未能詳知，然即此簡略之語句亦含有種族及文化二問題，而此二問題實李唐一代史事關鍵之所在，治唐史者不可忽視者也。茲請先論唐代三百年統治階級中心皇室之氏族，文化問題，然後再推及其他統治階級之種族及文化問題。若以女系母統言之，唐代皇室創業及初期君主如高祖之母為獨孤氏，太宗之母為竇氏，即紇豆陵氏，高宗之母為長孫氏，皆是胡種，而非漢族，故李唐皇室之女系母統雜有胡族血胤，世所共知，不待闡述。茲所論者專以其男系父統之氏族為範圍也。

唐之皇室本自撰之譜牒，原書今不可見，然如冊府元龜及兩唐書等唐皇室先世淵源之記載，固出自李唐皇室自撰之譜牒，又唐太宗御撰之晉書亦唐皇室自述其氏族淵源之要籍，故即依據此類唐室自敘其家世之著述，別取其他史料互相參證，以討論此問題焉。」

（李唐疑是李初古拔之後裔）

「李唐世系之紀述，其見於新舊唐書壹高祖本紀、北史壹佰序傳、晉書捌柒涼武昭王傳、林寶元和姓纂、冊府元龜壹帝王部帝系門等書者，皆不及新唐書柒拾上宗室世系表所載之詳備，今即依據此表與其他史料比較討論之。表云：

歆字士業，西涼後主，八子：勗、紹、重耳、弘之、崇明、崇產、崇庸、崇祐。重耳字景順，以國亡奔宋，為汝南太守，後魏克豫州，以地歸之，拜恆農太守，復為宋將薛安都所陷，後魏安南將軍豫州刺史。生獻祖宣皇帝熙，字孟良，後魏金門鎮將。（舊唐書高祖紀：率豪傑鎮武川，因家焉。新唐書高祖紀同。）生懿祖光皇帝，諱天賜，字德真。三子：長曰起頭，長安侯，生達摩，後周羽林監、太子洗馬、長安縣伯；次曰乞頭；次曰太祖。

此表所載，出唐室自述其宗系之舊文。茲就其所紀李重耳、李熙父子事蹟，分析其內容，除去其為西涼後裔一事以外，尚有七事，條列於下：

（一）其氏為李。

（二）父為宋汝南太守。

（三）後魏克豫州，父以地歸之。

（四）父為恆農太守。

（五）父為宋將薛安都所陷。

(六)父為後魏安南將軍豫州刺史。

(七)子為後魏金門鎮將。

考宋書卷五文帝紀云：

（元嘉）二十七年二月辛巳，索虜寇汝南諸郡，陳頓二郡太守鄭琨、汝陽潁川二郡太守郭道隱委守走。索虜攻懸瓠城，行汝南郡事陳憲拒之。

又宋書卷七十二南平穆王鑠傳云：

索虜大帥拓拔燾南侵陳潁，遂圍汝南懸瓠城，太守陳憲保城自固。

又宋書卷七十七柳元景傳云：

元嘉二十七年八月，隨王誕遣振威將軍尹顯祖出貲谷，奮威將軍魯方平、建武將軍薛安都、略陽太守龐法起入盧氏（中略），諸軍造攻具，進兵城下，偽弘農

（同書）法起、安都、方平（到）諸軍入盧氏（中略）法起諸軍進至方伯堆，去弘農城五里。（中略）

太守李初古拔，嬰城自固，法起安都方平諸軍，謀以陵城。（中略）安都軍副譚金、薛係孝率衆先登，生禽李初古拔父子二人。（中略）殿中將軍鄧盛幢主劉駿亂使人入荒田，招宜陽人劉寬糾率合義徒二千人共攻金門塢，屠之，殺戍主李買得，古拔子也，為虜永昌王長史，勇冠戎類，永昌聞其死，若失左右手。

又宋書卷九十五索虜傳云：

（元嘉）二十七年，燾自率步騎十萬寇汝南。（中略）宣威將軍陳南頓太守鄭緄（文帝紀作琨）綏遠將軍汝南潁川二郡太守郭道隱并棄城奔走，虜掠抄淮西六郡，殺戮甚多，攻圍懸瓠城，城內戰士不滿千人，先是汝南新蔡二郡太守徐遵之去郡，南平王鑠時鎮壽陽，遣左軍行參軍陳憲行郡事，憲嬰城固守。（中略）燾遣從弟永昌王庫仁真步騎萬餘將所將六郡，如北屯汝陽。（中略）太祖嘉憲固守，詔曰：「右軍行汝南新蔡二郡軍事陳憲盡力捍衛，全城摧寇，忠敢之效，宜加顯擢，可龍驤將軍、汝南新蔡二郡太守。」

又魏書叁陸薛安都傳云：

後自盧氏入寇弘農，執太守李拔等，遂逼陝城。時秦州刺史杜道生討安都，仍執拔等南遁，及世祖臨江，拔乃得還。

據上引史實，則父稱李初古拔，子稱李買得，名雖類胡名，姓則為漢姓。其氏為李，則是與上第一條適合。李初古拔為後魏弘農太守，弘農即恒農，以避諱改字，是與第四條適合。李初古拔為宋將薛安都所擒，是與第五條適合。宋書柳元景傳言：「生禽李初古拔父子。」魏書薛安都傳言：「安都禽李拔等，仍執拔等南遁，世祖臨江，拔乃得還。」今不能懸決，但舊唐書高祖紀稱李熙「率豪傑鎮武川，因家焉」（冊府元龜壹帝王部帝系門亦及此），

則李初古拔或不止一子，或因買得死難以後代領其衆。

則李氏與永昌王關係密切有如

「家焉」之記載，乃經宇文泰所修改，俟後詳論之。總之，李熙爲金門鎮將，李買得亦爲金門鴻戍主，地理專名如是巧同，亦可認與第七條適合。至第二條李重耳爲宋汝南太守一事，徵諸上引史實，絕不可能。蓋既言爲宋將薛安都所陷，且時必在元嘉廿七年，當時前後宋之汝南太守其姓名皆可考知，郭道隱則棄城走，徐遵之則去郡，陳憲則行郡事，後以功擢補實官，故依據時日先後，排比推計，實無李重耳可爲汝南太守之餘地。據宋書柳元景傳言：「李買得爲永昌王長史，永昌聞其死，若失左右手」，則李氏父子與永昌王關係密切可知。宋書索虜傳又言：「永昌王北屯汝陽」，考資治通鑑繫永昌王屯汝陽事於元嘉二十七年三月，繫李初古拔被禽事於元嘉廿七年閏十月，而汝陽縣本屬汝南郡，後分爲汝陽郡者。故以時日先後地域接近及人事關係論，李初古拔殆於未被擒以前，曾隨永昌王屯兵豫州之境，故因有汝南太守之授。然則此汝南太守非宋之汝南太守，乃魏之汝南太守也。第六條之安南將軍豫州刺史當即與第二條為宋汝南太守相關，同與上引史文衝突，實為不可能之事。但檢册府元龜壹柒貳帝王部帝系門之文，豫州刺史之上有「贈」字，是豫州刺史乃後來贈官，故於此可不成問題矣。魏書薛安都傳言：「安都執李拔等南遁，」及世祖臨江，拔乃得還。是李初古拔原有由北遁南，後由南歸北一段因緣。李唐自述先世故實，或因此加以修改傅會，幸賴其與他種記載矛盾，留此罅隙，千載而後遂得以發其覆耳。

復次，魏書薛安都傳之李拔，即宋書柳元景傳李初古拔之省稱及雅名。梁書伍陸侯景傳景祖名周，而南史捌拾侯

胡人

景傳作羽乙周，與此同例。蓋侯景羯胡之名字每多繁複，殊異乎華夏之雅稱，後代史官屬文，因施刪畧。夫侯景稱帝，七世廟諱父祖之外皆王偉追造，事見梁書南史侯景傳。天下後世傳為嗤笑談，豈知李唐皇室先世之名字亦有與此相類者乎？又據魏書卷四十二薛辯傳附長子初古拔傳云：

長子初古拔，一曰車各拔，本名洪，祚世祖賜名。

同書卷三十二高湖傳附載有高各拔事。然則初古拔或車各拔乃當時通常胡名。頗疑李初古拔亦本有漢名，如薛洪祚之例，特以魏主所賜胡名著稱耳。總而言之，前所列七條第一、第四、第五、第七四條中李重耳父子事實皆與李初古拔父子事實適合。第六條乃第二條之附屬，無獨立性質，可不別論。第二條第三條實為互相關連之一條，第五條既言「宋將薛安都所陷」，則元嘉廿七年南北交兵之際，李氏父子必屬於北而不屬於南。否則何能為宋所擒。故易劉宋為後魏，則第二第三條之事實不獨不與其他諸條事實相反，而且適與之相成。況四其他諸條中涵有「元嘉二十七年」一定之時日，「李氏」「薛安都」之人名專名，「弘農」「金門」之地域專名，而竟能兩相符應，天地間似無如此偶然巧值之事，故今假定李唐為李初古拔之後裔，或不至甚穿鑿武斷也。

連接下排印。

柳更有進者，據

唐會要壹帝號上云：

獻祖宣皇帝諱熙，（涼武昭王暠曾孫，嗣涼王歆孫，弘農太守重耳之子也。）武德元年六月二十二日追尊為宣簡公，咸亨五年八月十五日追尊宣皇帝，廟號獻祖，葬建初陵（在趙州昭慶縣界，儀鳳二年五〔？〕月一日追封為建昌陵，開元二十八年七月十八日詔改為建初陵）。

懿祖光皇帝諱天賜，（宣皇帝長子。）武德元年六月十二日追尊懿王，咸亨五年八月十五日追尊光皇帝，廟號懿祖，葬啟運陵（在趙州昭慶縣界，儀鳳二年三（？）月一日追封為延光陵，開元二十八年七月十八日詔改為啟運陵）。

括弧不要，改作小注。

括弧不要，括弧內字改作小注。

括弧不要，改作小注。

括弧不要，改作小注。

括弧不要，改作小注。

元和郡縣圖志壹柒（岱南閣叢書本）。又參閱舊唐書叁玖地理志及新唐書叁玖地理志趙州昭慶縣條云：

趙州

昭慶縣本漢廣阿縣，屬鉅鹿郡。

皇十三代祖宣皇帝建六〔初〕陵，高四丈，周迴八十〔丈〕。

皇十二代祖光皇帝啟運陵，高四丈，周迴六十步。二陵共塋，周迴一百五十六步，在縣西南二十里。

册府元龜壹帝王部帝系門略云：

唐高祖神堯皇帝姓李氏，隴西狄道人，其先出自李暠，是為涼武昭王。暠子歆嗣位，為沮渠蒙遜所滅。歆子重耳奔於江南，仕宋為汝南郡守，復歸於魏，拜弘農太守，贈豫州刺史，生熙，起家金門鎮將，後以良家子鎮於武川，都督軍戎，百姓之務，終於位，因家焉。生天賜，仕魏為幢主。大統時，贈司空公。生太祖景皇帝虎，封趙郡公，徙封隴西公，周受魏禪，錄佐命

功居第一，追封唐國公。世祖元皇帝昞在位十七年，
封汝陽縣伯，襲封隴西公，周受禪，襲封唐國公。
高祖即元皇帝之世子，母曰元貞皇后，七歲襲
封唐國公，義寧二年受隋禪。

今河北省隆平縣尚存唐光業寺碑，碑文為開元十三
年宣義郎前行象城縣尉楊晉所撰。中央研究院
歷史語言研究所藏有拓本，頗殘闕不可讀，茲取與黃
彭年等修畿輔通志金石略所載碑文相
參校，而節錄其最有關之數語於下

（上略）皇祖吉瀛州刺宣簡公，謹追上尊號，謚宣皇帝。
祖妣夫人張氏，謹追上尊號，謚宣莊皇后。皇祖懿王，
謹追上尊號，謚光皇帝。 皇祖妣妃賈氏，謹追上尊號
謚光懿皇后（中略）詞曰

維王桑梓，本際城池。（下略）

案，李熙天賜父子共塋而葬，光業寺碑頌詞有「維王桑梓」之語，則李氏累代所葬之地即其家世居住之地，絕無疑義。而唐代皇室自稱其祖李熙留家武川之說，可不攻自破矣。又據魏書壹佰陸上地形志南趙郡廣阿縣條、隋書叁拾地理志趙郡大陸縣條及元和郡縣圖志壹柒趙州昭慶縣條等，是李氏父子葬地舊屬鉅鹿郡，與山東著姓趙郡李氏居住之舊常山郡壤地鄰接，李虎之封趙郡公即由於此。又漢書貳捌地理志載中山國唐縣有堯山，魏書地形志載南趙郡廣阿縣即李氏父子葬地又有堯[redacted]臺。李虎死後追封唐國公，其唐國之名蓋上取義於中山、鉅鹿等地所流傳之放勳遺跡，並非如通常廣義兼該太原而言也。至大唐創業起居注上所云：

初帝奉詔為太原道安撫大使，帝以太原黎庶陶

唐舊民奉使安撫，不論本封，因私喜此行以為
天意。
則為後來依附通常廣義之解釋，殊與周初追封李
虎為唐國公時暗示其與趙郡李氏關係之本旨不同也。
據上所言，李唐豈真出於趙郡李氏耶？若果為趙
郡李氏，是亦華夏名家也，又何必自稱出於隴西耶？考
元和郡縣圖志壹伍云：
邢州
堯山縣，本曰柏人，春秋時晉邑，戰國時屬趙。秦滅
趙，屬鉅鹿郡。後魏改「人」為「仁」。天寶元年改為
堯山縣。
又同書壹柒云：
趙州。

平棘縣，本春秋時晉棘蒲邑，漢初為棘蒲，後改為平棘也，屬常山郡。

李左車墓，縣西南七里。

趙郡李氏舊宅，在縣南二十里，即後魏以來山東舊族也，亦謂之三巷李家，云東祖居巷之東，南祖居巷之南，西祖巷居之西，亦曰三祖宅巷也。三祖李氏亦有地屬高邑縣。

元氏縣，本趙公子元之封邑，漢於此置元氏縣，屬常山郡，兩漢常山太守皆理於元氏。

開業寺，在縣西北十五里，即後魏車騎大將軍陝定二州刺史尚書令司徒公趙郡李徽伯之舊宅也。

提行低格

柏鄉縣，本春秋時晉鄗邑之地，漢以為縣，屬常山郡，後漢改曰高邑，屬常山國。齊天保七年移高邑縣於漢房子縣東北界，今高邑縣是也。

高邑縣故城在縣北二十一里，本漢鄗縣地也。

高邑縣本六國時趙房子之地，漢以為縣，屬常山郡。

贊皇縣本漢鄗邑縣之地，屬常山郡。

百陵崗在縣東十里，即趙郡李氏之別業於此崗下也，崗上尔有李氏塋冢甚多。

昭慶縣本漢廣阿縣，屬鉅鹿郡。

皇十三代祖宣皇帝建初陵，

皇十二代祖光皇帝啟運陵，二陵共塋，在縣西南二十里。

（昭慶縣條前已引及，因便於解說，特重出其概略於此）

元和郡縣圖志著者李吉甫出於趙郡李氏，故関於其宗族之先塋舊宅皆詳記之，若取其分布之地域核之，則趙郡（李氏）其顯著支派所遺留之故蹟，俱不出舊常山郡之範圍，據此則趙郡李氏顯著支派當時居地可以推知也。但其衰微支派則亦有居舊鉅鹿郡故疆者，考新唐書柒貳宰相世系表趙郡李氏條（北史叁叁李孝伯傳末附載李氏世系一節及鄧名世古今姓氏書辯證貳壹同）云：

楷避趙王倫之難，徙居常山。楷子輯，輯子慎、敦，居柏仁，子孫甚微。

案柏仁、廣阿二縣，後魏時俱屬南趙郡，土壤鄰接，原可視爲同一地域，趙郡李氏子孫甚微之一支，其徙居柏仁之時代雖未能確定，然李楷避西晉趙王倫之難，下數至其孫慎、敦，僅有二代，則李慎、敦徙居柏仁，約在南朝東晉之時。李熙父子俱葬於廣阿，計其生時亦約當南朝宋齊之世，故以地域鄰接及年代先後二者之關係綜合推論，頗疑李唐先世本為趙郡李氏柏仁一支之子孫，或者雖不與趙郡李氏之居柏仁者同族，而以同居一地同姓一姓之故遂因緣攀附，自託於趙郡之高門，衒以南北朝庶姓冒託士族之慣例，亦為可能之事。總而言之，據可信之材料，依常識之判斷，李唐先世若非趙郡李氏之「破落戶」，即是趙郡李氏之「假冒牌」，至於有唐一代之官書其記述皇室淵源間亦保存原來真實之事蹟，但其大半盡屬後人諱飾誇誕之語，治史者自不應漫無辨別，遽爾全部信從也。

連接後排印

復次周書肆明帝紀北史玖周本紀上同云：

二年三月庚申詔曰：三十六國九十九姓自魏氏南徙，咸稱河南之民。今周室既都關中，宜改稱京兆人！

隋書叁叁經籍志史部譜系篇序云：

後魏遷洛，有八氏十姓，咸出帝族，又有三十六族，則諸國之從魏者，九十二姓，世為部落大人者，並為河南洛陽人。其中國人士則第其門閥，有四海大姓、郡姓、州姓、縣姓。及周太祖入關，諸姓子孫有功者，並令為其宗長，仍撰譜錄，紀其所承，又以關內諸州為其本望。

據上引史文，嚴格解釋，則隋志之文自「後魏遷洛」至「並為河南洛陽人」止一節，專指胡人而言，其本末見於魏書壹壹叁官氏志等，即魏孝文改胡姓自為漢姓之事也。周書北史周明

括弧不要，改作小注

括弧不要，改作小注

括弧不要，改作小注

括弧不要，改作小注

帝二年西曆五五八年。三月庚申詔書亦指胡人而言，明帝二年在魏孝武帝入關西曆五三四年。後二十四年，在西魏恭帝元年西曆五五四年。改有功諸將為胡姓事見周書貳文帝紀下北史玖周本紀上。後亦四年，故知入關之遷洛胡族其改郡望疑尚在漢人以後也。

至隋志之文「自其中國人士至又以關內諸州為其本望」止一節，專指漢人而言。然則李唐之稱西涼嫡裔，即所謂「並令為其宗長，仍撰譜錄，紀其所承」。其改趙郡郡望為隴西郡望，即所謂「又以關內諸州為其本望」也。豈非寅恪之假說得此史文而益證實耶？所不解者，昔人於此何以未嘗留意，抑或別有他較勝之說耶？此則寅恪所願求教於通人者也。

語連下文非另

復次，李唐在李淵以前其血統似未與胡族混雜。唐會要叁皇后條云：

宣皇帝（熙）皇后張氏。

光皇帝（天賜）皇后賈氏。

景皇帝（虎）皇后梁氏。

元皇帝（昞）皇后獨孤氏。

又開元十三年象城縣尉楊晉撰光業寺碑文及巴黎國民圖書館藏敦煌寫本伯希和號第貳伍拾H.唐代祖宗忌日表均同。

據此張、賈皆是漢姓，其為漢族，當無可疑。梁氏如梁禦之例，雖有出自胡族之嫌疑（見周書壹玖及北史伍玖梁禦傳又魏書壹壹叁官氏志云：拔列氏後改為梁氏。）但梁氏本為漢姓，大部分皆是漢族，未可以其中有少數例外出自胡族之故，遂概括推定凡以梁為氏者皆屬胡族也。故李虎妻梁氏在未能確切證明其氏族所出以前，仍目之為漢族，似較妥慎。然則李唐血統其初本是華夏，其與胡夷混雜，乃一較晚之事實歟？

茲依據上述資料，作一李唐皇室血統世系表，起自李熙，迄於世民，以備參考。至李重耳則疑本無其人，或是李初古拔之化身，故不列入，以示闕疑之意。凡女統確知為漢族者，標以□符號，確知為胡族者，標以～符號，雖有胡族嫌疑，但在未發見其為漢族之反證前，姑仍認為漢族者，則標以……符號。

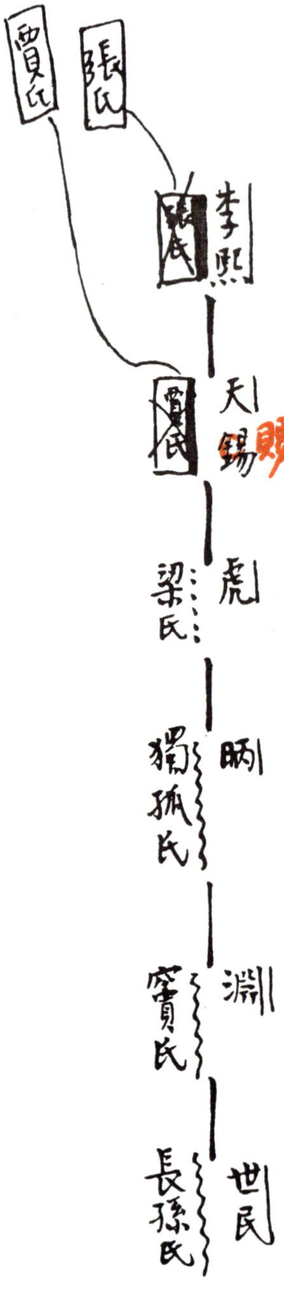

茲依據上引資料及其解釋，再將李唐世系先後改易之歷程及胡漢文化問題加以說明。此世系改易之歷程實不限於李唐皇室一家，凡屬北朝隋唐統治階級之諸族，亦莫不如是。斯實中國中古史上一大問題，亦史學中千載待發之覆也。自鮮自鮮卑拓跋部落侵入中原統治中國北部之後，即開始施行漢化政策，如解散部落同於編戶之類，（見北史捌拾魏書捌叁上外戚傳賀訥傳北史玖捌魏書壹佰叁高車傳魏書壹壹叁官氏志等）其顯著之例也。此漢化政策其子孫奉行不替，至於魏孝文遷都洛陽，漢化程度尤為增長，至宣武孝明之世則已達最高頂點，而逐漸腐化矣。然同時邊塞六鎮之鮮卑及胡化之漢族則仍保留其本來之胡化，而不為洛都漢化之所浸染，故中央政權之洛陽漢化愈深，則邊塞六鎮胡化民族之對漢化反動亦愈甚，卒釀成六鎮之叛亂，尔朱部落乘機而起，至武泰元年（西曆五二八年）四月十三日河陰之大屠殺遂為鮮卑及胡化民族反對漢化

括弧不要
之作小注

之顯明表示，亦中古史劃分時期之重要事變也。六鎮鮮卑及胡化漢族既保持胡部特性，不漸染漢化，則為一善戰之民族，自不待言。此民族以饑饉及虐政之故，激成叛亂，南向遷徙，其大部分輾轉移入高歡統治之下，（見北齊書壹神武紀上北史陸齊本紀上及隋書貳肆食貨志。）故歡之武力遂無敵於中原，卒藉之以成其霸業。其他之小部分由賀拔岳宇文泰率之西據關隴，亦能抗衡高氏，分割中國北部，東西並立之局，此治史者所習知者也。然宇文氏雖只憑藉一小部分之六鎮善戰民族，割據關隴貧瘠之地，終能併吞得有大部分六鎮民族及割據山東富饒區域之高齊，其故非僅由二君主之賢愚及材不材之所致，蓋必有一全部系統之政策為此東西分立之帝國即周齊兩朝勝敗興亡之決定主因也。

宇文泰率領西遷之少數鮮卑六鎮民族割據關隴一隅之地，欲與財富兵強之高氏及神州正朔所在之江左蕭氏爭持一鼎峙之局，其物質及精神二者之憑藉俱遠不如其東南二敵，故必別覓一途徑，融合其所割據關隴區域內之鮮卑六鎮民族及其他胡漢土著之人為一不可分離之集團，匪獨物質上應處同一利害之環境，即精神上亦必具同出一源之信仰，始能內安反側，外禦強鄰，此途徑姑假名之為關中本位政策，即凡屬於兵制之府兵制及屬於官制之周官皆是也。其改易隨賀拔岳等西遷漢人之山東郡望為關內郡望，別撰譜牒，紀其所承（見前引隋書叁叁經籍志史部譜系篇序），又以諸將功高者繼塞外鮮卑部落之後（見周書貳文帝紀下北史玖周本紀上西魏恭帝元年條等），亦是施行此關中本位政策之例證，而欲解決李唐氏族問題，當於此中求之也。

概括言之，宇文泰改易氏族之舉可分為先後二階段，第一階

括弧不要，改作小注

段則改易西遷關隴漢人之山東郡望為關內郡望，以斷絕其鄉土之思，初止改易漢人之山東郡望，其改胡人之河南郡望為京兆郡望則恐尚在後，見周書肆明帝紀及北史玖周本紀上明帝二年三月庚申詔書。並附會其家世與六鎮有關，即家於武川之例，以鞏固其團結之情。此階段當在西魏恭帝元年（西曆五五四年）復魏孝文所改鮮卑人之胡姓及賜諸漢將有功者以胡姓之前，故李唐改其郡望趙郡為隴西，偽託西涼李暠之嫡系及家於武川等均是也。第二階段即西魏恭帝元年詔以諸將之有功者繼承鮮卑三十六大部落及九十九小部落之後，改為胡姓，諸將所統之兵卒亦從其主將之胡姓，遷以鮮卑部落之制以治軍，此即府兵制初期之主旨，已於拙著隋唐制度淵源略論稿兵制章詳言之，茲不置論。李唐之得賜胡姓大野，當即在此階段中也。至後周末隋文帝專周政，於大象二年（西曆五八一年）十二月癸亥迴改胡姓復為漢姓，其結果

括弧不要，改作小注

只作到

迴復宇文氏第二階段之所改，而多數氏族仍停留於第一階

段之中。此李唐所以雖去大野之胡姓，然尚自稱隴西郡望，且冒爲西涼李暠嫡裔也。職是之故，北朝隋唐史料中諸人之籍貫往往紛歧，如李唐先世同列八大柱國之李弼一族，周書壹伍李弼傳、舊唐書伍叁李密傳（密爲弼之曾孫）、壹叁拾李泌傳（泌爲弼之六代孫）及新唐書柒貳上宰相世系表俱以爲遼東襄平人，而北史陸拾李弼及曾孫密傳、文苑英華玖肆捌魏徵撰李密墓誌銘則以爲隴西成紀人。蓋史家紀述其氏族，或僅據迴復至第一階段立說，或逕據本來未改者爲說，斯其所以彼此互異也。但隋唐二大帝國繼承宇文周遺業，仍舊施行關中本位政策者，其統治階級不改其歧視山東人之觀念，故隋唐皇室亦依舊自稱弘農楊震及隴西李暠之嫡裔，僞冒相傳，迄於今日，治史者竟無一不爲其所欺，誠可謂千載未發之覆也。

復次，漢人與胡人之分別，在北朝時文化較血統尤爲重要。凡漢化之人即目為漢人，胡化之人即目為胡人，其血統如何，在所不論。茲舉二例以證明之：

北齊書貳肆杜弼傳（北史伍伍杜弼傳同）云：

顯祖（高洋）嘗問弼云：治國當用何人？對曰：鮮卑車馬客，會須用中國人。顯祖以為此言譏我。

夫高齊無論其母系血統屬於何種族，但自稱及他人均以為其家世出自渤海蓨縣，當日華夏高門也。至於其所漸染者則為胡化而非漢化，[illegible]作鮮卑語，僅以為譏己，是漢人之受胡化者，即自命為胡人也。

又北史貳捌源賀傳（參考魏書肆壹源賀傳、北齊書伍拾恩倖傳高阿那肱傳至隋書陸陸源師傳，刪去漢兒殊失當時語意矣。）略云：

源賀，西平樂都人，私署河西王禿髮傉檀之子也。傉檀為乞伏熾盤所滅，賀自樂都奔魏（魏）。太武謂曰：卿與朕同源，因事分姓，今可為源氏。（寅恪案：鮮卑禿髮部即拓拔部，一語異譯，故拓拔燾謂之同源也。）

（玄孫）師仕齊為尚書左外兵郎中，又攝祠部，後屬孟夏，以龍見請雩，時高阿那肱為錄尚書事，謂為真龍出見，大驚喜，問龍所在，云：作何顏色。師整容云：此是龍星初見，依禮當雩祭郊壇，非謂真龍別有所降。阿那肱忿然作色曰：漢兒多事，强知星宿，祭祀不行。

夫源師乃鮮卑禿髮氏之後裔，雖受漢化，明是胡人無疑，而高阿那肱竟目之為漢兒，此為北朝漢人胡人之分別，純視其所受之教化為漢抑為胡而定，誠可謂「有教無類」者矣。

又此點為治吾國中古史最要關鍵，若不明乎此，必致無謂之糾紛。資治通鑑壹陸壹陳宣帝太建五年亦紀此事。

胡注云：

諸源本出於鮮卑禿髮，高氏生長於鮮卑，自命為鮮卑未嘗以為諱，鮮卑遂自謂貴種，卒謂華人為漢兒，卒侮詬之。諸源世事魏朝，貴顯，習知典礼，遂有雩祭之請，蓋以取重，乃以取詬。通鑑詳書之，又一慨也。

梅磵之說，固是，故別有所感，然於北朝漢胡種族文化之問題，似猶不免未達一間也。

連接下文排印

李唐皇室者，唐代三百統治之中心也。自創業至高宗統御之前期，其將相文武大臣大抵承繼西魏北周及隋以來之世業，即宇文泰「關中本位政策」下所結集團體之後裔也。自武曌主持中央政權之後，逐漸破壞傳統之「關中本位政策」，以遂其創業垂統之野心，故「關中本位政策」最主要之府兵制即於此時開始崩潰，而社會階級亦在此際起一升降之變動。蓋進士之科雖創於隋，然當日人民致身通顯之途徑并不必由此，及武后柄政，大崇文章之選，破格用人，於是進士之科為全國士人所進者競趨之鵠的，當時山東江左之人雖夙能文章，以不預關中本位團體之故而遭屏抑者，亦因此政治革命之際會，得以上升朝列，而西魏北周楊隋及唐初之將相舊家之政權尊位遂不得不為此新興之階級所攘奪替代，故武周之代李唐，不僅為政治之變遷，實亦社會之革命也。武周統治時期不久，旋復為唐，然其開始改變「關中本位政策之趨勢仍復繼續進行，迄至唐玄宗之世，遂完全破壞無遺，而實安史亂後又別產生一新世局，與前此迥異矣。夫關中本位政策既不能維持，則統治之社會階級亦必有變遷，此變遷可分中央及藩鎮兩方分述之。其所以須有此空間之分別者，因唐代自安史亂後名義上雖或能保持其一統之外貌，實際上則中央政府與一部分之地方藩鎮已截然劃為二不同之區域，非僅政治軍事不相統一，即社會文化亦完全成為互不關涉之集團，其統治階級氏族之不同類，更無待言矣。蓋安史之霸業雖俱及身失敗，而其部將及所統治之民眾依舊保持其勢力，與中央政府相抗，以迄於唐室之滅亡，約經一百五十年之久，雖號一朝，實成二國，史家述此，不得不分而為二，其理由甚明也。

又舊唐書壹肆憲宗紀上（參考通鑑貳叁柒此條胡注及唐會要叁陸修撰條。）云：

元和二年己卯史官李吉甫撰元和國計簿總計天下方鎮凡四十八管州府二百九十五縣一千四百五十三戶二百四十四萬二百五十四。其鳳翔鄜坊邠寧振武涇原銀夏靈鹽河東易定魏博鎮冀范陽滄景淮西淄青十五道凡七十一州不申戶口。每歲賦入取辦止於浙江東西宣歙淮南江西鄂岳福建湖南等八道合四十九州一百四十四萬戶比量天寶供稅之戶則四分有一。天下兵戎仰給縣官者八十三萬。然人比天寶士馬則三分加一。率以兩戶資一兵。其他水旱所損徵科發斂又在常役之外。吉甫纂其事成書十卷。

同書壹玖下僖宗紀略云：

光啟元年三月丁卯車駕（自蜀）至京師。當時李昌符據鳳翔王重榮據蒲陝諸葛爽據河陽洛陽孟方立據邢洺，李克用據太原上黨，朱全忠據汴滑，秦宗權據許蔡，時溥據徐泗，朱瑄據鄆齊曹濮，王敬武據淮南八州，秦彥據宣歙，劉漢宏據浙東，皆自擅兵賦，迭相吞噬，朝廷不能制。江淮轉運路絶，兩河江淮賦不上供，但歲時獻奉而已。國命所能制者，河西山南、劍南、嶺南西道數十州。大約郡將自擅，常賦殆絶，藩侯廢置，不自朝廷，王業於是蕩然。

寅恪案，李吉甫所撰元和國計簿雖在元和初年，然自天寶安史亂後，迄於唐亡，其所列中央政府財賦取辦之地域大致無甚殊異，即自安史亂後，長安政權之繼續維持，除文化勢力外，僅恃東南八道財賦之供給。至黃巢之亂，破壞此東南區域之經濟，斷絶其汴路運河之交通，而奉長安文化為中心，仰東[redacted]南財富[redacted]以存活之集團遂不得不土崩瓦解，而大唐帝國形式及實質均於是告終矣。

明乎此一集團以長安文化為中心，仰東南財富而存立，則在集團中之統治階級，亦不出此地域內之二種人，一為受高深文化之漢族，且多為武則天專政以後所提拔之新興社會階級，所謂外廷之士大夫以文章科舉進身者是也。一為受漢化不深之蠻夷，或蠻夷化之漢人，故其人大抵出自邊荒區域，凡自玄宗迄唐亡一百五十年間身居內廷，實握政柄及禁軍之權者，即閹寺之特殊階級是也。

至於唐代外廷之顯貴，自武則天專政破格用人而以文學特見拔擢者頗眾。玄宗御宇，開元為極盛之世，其名臣大抵為武后所擢拔之人。（參舊唐書壹叁玖陸贄傳、新唐書壹伍貳李絳傳及陸宣公奏議柒請許臺省長官舉薦屬吏狀等）相國論彰彰明矣。代宗大曆時常袞當國，非以辭賦登科者莫得進用。至德宗以後，執政之官大抵皆當日文章之士由翰林學士升任者也。請略舉史實以證之：

通典壹伍選舉典叁載沈既濟之言略云：

初，國家自顯慶以來，高宗聖躬多不康，而武太后任事，參決大政，與天子並。太后頗涉文史，好雕蟲之藝，永隆中始以文章選士。及永淳之後，太后君臨天下二十餘年，當時公卿百辟無不以文章達，因循日久，寖以成風。至於開元、天寶之中，太平君子唯門調戶選，徵文射策，以取祿位，此行已立身之美者也。父教其子，兄教其弟，無所易業，大者登臺閣，小者任郡縣，資身奉家，各得其足，五尺童子恥不言文墨焉。是以進士為士林華選，四方觀聽，希其風采，每歲得第之人，不浹辰而周聞天下。故忠賢雋彥韞才毓行者，咸出於是，而桀奸無良者或有焉。故是非相陵，毀稱相騰，或扇結鉤黨，私為盟歃，以取科第，而聲名動天下；或鉤摭隱慝，嘲為篇詠，以列於道路，迭為談訾，無所不至焉。

據此，乃知進士之科雖設於隋代，而其[redacted]特見尊重，以為全國人民出仕之唯一正途，實始於唐高宗之代，即武曌專政之時。[redacted]及至[redacted]玄宗，其勢遂成，[redacted]迄於後代，而不改。故論科舉制之崇重與府兵制之破壞俱起於武后，成於玄宗，其時代之符合，決非偶然也。[redacted]以[redacted]關[redacted]府兵制度於此不能備詳，[redacted]同於府兵制自武后[redacted]至玄宗遂漸破壞之事實，見玉海壹叁叁兵制叁[redacted]引鄴侯家傳。[redacted]至王定保以為進士之科[redacted]甲於貞觀，見唐摭言壹述進士上篇，及進士科試於貞觀永徽之際，則稽之史實，[redacted]未合，其言不及沈氏之可信，無待詳辨也。同書同卷[redacted]進士[redacted]甚黨

舊唐書壹壹玖常袞傳云：

尤排擯非辭賦登科者。

又同書同卷崔祐甫傳略云：

常袞當國，非以辭賦登科者莫得進用。

又同書肆叁職官志翰林院條略云：

玄宗即位，張說、張九齡等召入禁中，謂之翰林待詔。四方進奏、中外表疏批答，或詔從中出。宸翰所揮，亦資其檢討，謂之視草。故嘗簡當代士人，以備顧問。至德已後，天下用兵，

軍國多務，深謀密詔皆從中出，尤擇名士。翰林學士得充選者文士為榮。亦如中書舍人例，置學士六人，內擇年深德重者一人為承旨，所以獨承密命故也。德宗好文，尤難其選。貞元已後為學士承旨者多至宰相焉。

元氏長慶集壹翰林承旨學士記略云：

憲宗章武皇帝以永貞元年即大位，始命鄭公（鄭絪）為承旨學士，位在諸學士上。十七年間由鄭至杜（杜元穎）十一人，而九參大政。

白氏長慶集伍玖李留守相公（李絳）見過池上汎舟舉酒話及翰林舊事因成四韻以獻之詩（參容齋續筆貳翰林學士條）云：

同時六學士，五相一漁翁。

據此，可知唐代自安史亂後，其宰相大抵為以文學進身之人。

此新興之階級之興起乃武則天至唐玄宗七八十年間逐漸轉移消損宇文泰以來胡漢六鎮民族舊統治階級之結果。若取新唐書宰相表及宰相世系表與列傳所載其人之家世籍貫及出身等參證於此三百年間外廷士大夫階級廢興轉變之大勢尤易明瞭也。至此因文學科舉進用之新興階級與魏晉北朝以來傳統舊士族之關係則於論黨派時述之茲不涉及焉

連接下文排印

唐代自玄宗後政柄及軍權漸轉入閹寺之手，終至皇位之繼承權歸其決定，而內朝之禁軍外廷之宰相俱供其指揮進退，更無論矣。其詳書於中篇政治革命及黨派分野自時述之，今置不論，茲僅言其氏族所從出焉。」

舊唐書貳拾下哀帝紀云：

天祐二年六月丙申勅：福建每年進橄欖子，比因閹豎出自閩中，牽於嗜好之間，遂成貢奉之典。雖嘉忠藎，伏恐煩勞。今後只供進臘面茶，其進橄欖子宜停！

新唐書貳佰柒宦者傳吐突承璀傳云：

是時諸道歲進閹兒，號私白，閩嶺最多，後皆任事，當時謂閩為中官區藪。咸通中杜宣猷為觀察使，每歲時遣吏致祭其先，時號敕使墓戶。

宣歙卒用羣宦力，從宣歙觀察使。

顧況古詩據全唐詩第拾函。云：

囝一章。

囝哀閩也。原注：囝音蹇。閩俗呼子為囝，父為郎罷。

囝生閩方，閩吏得之，乃絕其陽。為臧為獲，致金滿屋。為髡為鉗，視如草木。天道無知，我罹其毒。神道無知，彼受其福。郎罷別囝：吾悔生汝。及汝既生，人勸不舉。不從人言，果獲是苦。囝別郎罷，心摧血下。隔地及天。及至黃泉，不得在郎罷前。

宦寺多冒養父之姓，其籍貫史傳往往不載，然即就兩唐書宦官傳中，涉及其出生地域姓氏籍異者觀之，亦可知其梗概也。

舊唐書壹捌肆宦官傳云：

楊思勖本姓蘇，羅州石城人，為內官楊氏所養，以閹從事內侍省。

高力士潘州人，本姓馮，少閹，與同類金剛二人聖曆元年嶺南討擊使李千里進入宮，則天嘉其黠惠，令給事左右，後因小過撻而逐之，內官高延福收為假子，延福出自武三思家，力士遂往來三思第，歲餘，則天復召入禁中。

新唐書貳佰柒宦者傳上云：

魚朝恩瀘州瀘川人也，天寶末以品官給事黃門。

劉貞亮本俱氏，名文珍，冒所養宦父，故改焉。

吐突承璀閩人也，以黃門直東宮。

仇士良循州興寧人，順宗時得侍東宮。

楊復光閩人也，本喬氏，少養於內侍楊玄价。

同書貳佰捌宦者傳下云：

田令孜蜀人也，本陳氏，咸通時歷小馬坊使。

據此，可知唐代閹寺多出身於今之四川、廣東、福建等省，在當時皆邊徼蠻夷之區域，其下級人民所受漢化至淺，若又以其姓氏殊異者言之，疑其中頗多非漢族也。

提行頂格

唐代中國疆土之內，自安史亂後，除擁護李氏皇室之區域，即以東南財富及漢族文化維持長安之宮禁閹寺及外廷士大夫等統治階級一集團，而外尚別有一河北藩鎮獨立之團體，其政治軍事財政等與中央政府實際上固無隸屬之關係，其社會亦未深受漢族文化之影響，即以長安洛陽之周孔名教及科舉仕進為其安身立命之歸宿，故論唐代河北藩鎮問題必於民族及文化二端注意，方能得其真相所在也。茲先舉二三顯著之例，以見當時大唐版圖以內實有社會文化截然不同之二分域，然後再論其種族與統治階級之關係焉。

杜牧樊川集玖唐故范陽盧秀才墓誌云：

秀才盧生名霈，字子中。自天寶後三代或仕燕或仕趙，兩地皆多良田畜馬，生年二十，未知古有人曰周公孔夫子者，擊球飲酒馬射走兔，語言習尚無非攻守戰鬥之事。

通典肆拾職官典末載杜佑建中時所上省用議（參新唐書壹陸陸杜佑傳。）曰：

今田悅之徒並是庸璅，繁刑暴賦，唯恤軍戎，衣冠仕（士）人遇如奴虜。

此可以代表河北社會通常情態，尚攻戰而不崇文教，質言之，即漸染胡化深而漢化淺也。當時之漢化中心在長安，以詩賦舉進士，致身卿相，為社會心理群趨之鵠的，故當時在長安文化區域不得意之人，至不得已時，惟有北走河朔之一途。昌黎集貳拾送董召南遊河北序乃世人所習誦者，茲為闡明長安集團與河北集團政治文化對立形勢之故，仍迻寫其文於下，并略證釋，以佐證鄙說，至韓退之不以董召南河北之行為然之意固極明顯，自不待解說也。

燕趙古稱多感慨悲歌之士。董生舉進士，連不得志於有司，懷抱利器，鬱鬱適茲土，吾知其必有合也。董生勉乎哉！

據此可知在長安集團文化統治下之士人，若舉進士不中，而欲致身功名之會者，舍北走河朔藩鎮之外，則不易覓其他之途徑也。

夫以子之不遇時，苟慕義強仁者皆愛惜焉，矧燕趙之士出乎其性者哉！然吾嘗聞風俗與化移易，吾惡知其今不[redacted]異於[redacted]古所云耶？聊以吾子之行卜之也。董生勉乎哉！

據前引杜牧之范陽盧秀才墓誌語言習尚無非攻守戰鬥」之事及此序「風俗與化移易」之語，可知當日河北社會全是胡化，非復東漢魏晉北朝之舊。其所以然之故，恐非於民族遷移一事求之不可矣，請俟後論之。

吾因子有所感矣，為我弔望諸君之墓，而觀於其市，復有昔時屠狗者乎？為我謝曰：明天子在上，可以出而仕矣！

据此可知長安天子与河北鎮將為對立不同之二集團首領明矣。

又全唐詩第拾函李益小傳（參舊唐書壹叁柒、新唐書貳佰叁文藝傳下李益傳、唐詩紀事叁拾及辛文房唐才子傳李益傳等）云：

李益字君虞，姑臧人。大曆四年登進士第，授鄭縣尉，久不調，益不得意，北遊河朔，幽州劉濟辟為從事。嘗与濟詩，有怨望語。憲宗時召為秘書少監、集賢殿學士。自負才地，多所凌忽，為衆不容。諫官舉幽州詩句，降居散秩。

又益獻劉濟詩云：

草綠古幽州，鶯聲引獨遊。雁歸天北畔，春盡海西頭。向日花偏落，馳年水不流。感恩知有地，不上望京樓。

据此可知雖登進士第之李益，以仕宦不得意之故，猶去而北走幽州，則董召南之遊河北，蓋是當日社會政治之常情，而非變態，然於此益見李唐三百年之帝國中含有兩獨立敵視之團體，而此二團體之統治階級其種族文化亦宜有不同之點也。

今試檢新唐書之藩鎮傳，並取其他有關列傳所載之人，凡其活動之範圍在河朔或河朔以外者考之，則發見二點：一為其人之氏族本是胡類，而非漢種。一為其人之氏族雖為漢種，而久居河朔，漸染胡化，與胡人不異。前者屬於種族，後者屬於文化。質言之，則唐代安史亂後之世局，河北及其他藩鎮與中央政府之問題，其核心實為一胡漢種族文化之問題也。夫河北之地，東漢曹魏西晉時固為文化甚高區域，雖經五胡之亂，然北魏至隋，其地之漢化仍不衰減，何以至玄宗之時，即一變而成一胡戎地域，其故殊不易解，姑就安史叛亂本身之地域及時代約略綜合推測，設一假說，以供證明，即使此假說不確，但安史之亂及其後果即藩鎮本身之性質亦可藉以明瞭也。

當玄宗文治武功極盛之世，漁陽鼙鼓一鳴，而兩京不守。安祿山之霸業雖不成，然其部將始終割據河朔，與中央政府抗衡，而唐室亦未能實際恢復，且因此不振，以至覆亡。古今論此役者止歸咎於天寶政治宮廷之腐敗，是固然矣。獨未注意安史之徒乃自成一系統最善戰之民族，在當日軍事上本來無敵者也。安祿山之種族，唐代與其同時之人及專紀其事之書俱稱為柘羯或羯胡，如舊唐書拾肅宗紀云：

是日（天寶十五載七月甲子）御靈武南門下制曰：乃者羯胡亂常，京闕失守。（舊唐書壹貳拾郭子儀傳載建中二年德宗褒郇之詔有羯胡作禍，新唐書壹玖貳忠義傳張巡傳亦有柘羯千騎之語。至杜甫喜官軍已臨賊境二十韻詩所謂柘羯渡臨洮之柘羯，雖非指安祿山，但亦可為參考旁證也。）

又同書壹佰肆封常清傳略云：

先鋒至葵園，常清使驍騎與柘羯逆戰，殺賊數十百人。臨終時表曰：昨者與羯胡接戰。

又顏魯公集陸康金吾碑目祿山為羯胡，姚汝能安祿山事跡一書亦多羯胡之語。至杜工部詠懷古跡之詩其羯胡事主終無賴之句則不僅用梁侯景之古典（如梁書伍伍武陵王紀傳云世祖又與書曰羯胡叛換，皆是其例），（又杜詩中羯胡之語甚多，茲不備舉。）實兼取今事入之於詩者也。玄奘西域記壹颯秣建國（康國）條云：

（括弧不要，改作小注）

兵馬強盛，多是赭羯之人。其性勇烈，視死如歸。

新唐書貳貳壹下西域傳康國傳云：

本月氏人，始居祁連北昭武城，為突厥（寅恪案，突厥應作匈奴。唐會要玖玖康國條云，其人土著，役屬於突厥，先居祁連之北昭武城，為匈奴所破。宋子京蓋涉上文突厥之語致誤也。）所破，稍南依葱嶺，即有其地。枝庶分王，曰安，曰曹，曰石，曰米，曰何，曰火尋，曰戊地，曰史，世謂昭武九姓，皆氏昭武。

又安國條云：

募勇健者為柘羯，柘羯猶中國言戰士也。續結案，上引西域記有赭羯之人語，然則赭羯乃種族，此言猶中國戰士之義，若非宋景文誤會，即後來由專名引申為公名耳。

又石國條云：

石，或曰柘支，曰柘折，曰赭時。

據此，可知赭羯即柘羯之異譯，凡康安石等中亞月氏種人皆以勇健善戰著聞者。舊唐書貳佰上安祿山傳云：

安祿山營州柳城雜種胡人也。

舊史所謂雜種胡之確切界說，尚待詳考，但新唐書貳貳伍上逆臣傳安祿山傳云：

安祿山營州柳城胡也，本姓康，母阿史德，少孤，隨母嫁安延偃，乃冒姓安。通六蕃語，為互市郎。

寅恪案：安祿山事蹟上引郭子儀雪安思順疏，謂安祿山本姓康。今敦煌寫本天寶丁籍俱有康安石等姓以羯為名者。見歷史與地理雜誌叁卷叁編肆叁卷天寶十載丁籍及同書肆壹編肆叁卷天寶四載丁籍。故安祿山父系之為羯胡，即中亞月氏種族，可無疑矣。至史思明則新唐書貳貳伍上逆臣傳史思明傳云：

史思明寧夷州突厥種，與祿山共鄉里，通六蕃譯，亦為互市郎。

似史思明非出中亞胡種者，然細繹舊唐書貳佰安祿山傳云：

安祿山營州柳城雜種胡人也。

同書同卷史思明傳云：

史思明營州寧夷州突厥雜種胡人也。

又舊唐書壹佰肆哥舒翰傳（新唐書壹叁伍哥舒翰傳同。）略云：

哥舒翰突騎施首領哥舒部落之裔也。翰母尉遲氏于闐之族也。安祿山謂翰曰：我父是胡，母是突厥，公父是突厥，母是胡，與公族類同，何不相親乎？

據此，似當時所謂雜種胡人者，即混合血統之胡族，如安祿山、哥舒翰等突厥之例，詳考史傳，則知其所謂雜種胡人者，遲指昭武九姓月支種而言，如新唐書貳壹柒上回鶻傳（參通鑑貳貳陸建中元年八月甲午張光晟殺突董條）云：

始回鶻至中國，常參以九姓胡，往往留京師，至千人，居貲殖產甚厚。會酋長突董翳蜜施大小梅錄等還國，裝橐係道。

其事與舊唐書壹貳柒張光晟傳所云：

建中元年，迴紇突董梅錄領衆并雜種胡等自京師還國，輿載金帛，相屬於道。

者同，而舊傳之雜種胡即九姓胡，可為確證。然則舊唐書之稱安祿山為雜種胡人者，蓋指其為九姓胡而言。又其目史思明為突厥雜種胡人者，因以史思明父系為突厥，而母系為羯胡，故曰突厥雜種胡人也。觀於史思明與安祿山俱以通六蕃語為互市郎，正是中亞胡人血統之特徵。至其以史為姓者，蓋從父系突厥姓阿史那之省稱，不必為中亞昭武九姓之史也。

又考安史生長之地，即營州，在開元之初，已多中亞賈胡。如舊唐書壹捌伍下良吏傳宋慶禮傳（新唐書壹叁拾宋慶礼傳同。）略云：

初營州都督府置在柳城，控帶奚契丹，則天時都督趙文翽政理乖方，兩蕃反叛，攻陷州城，其後移於幽州東二百里漁陽城安置。開元五年奚契丹各款塞歸附，玄宗欲復營州於舊城，乃詔慶礼等更於柳城築營州城，俄拜慶禮御史中丞兼檢校營州都督。開屯田八十餘所，追拔幽州及漁陽淄青等戶，并招輯商胡，為立店肆。

寅恪案：此如其時營州區域之內或其近傍頗有西域賈胡，然後慶禮始能招輯之也。故營州一地，開元以前已多中亞胡人，據此可知矣。

試一檢新唐書安祿山傳所言

> 潛遣賈胡行諸道，歲輸百萬。

及

> 凡降蕃夷皆接以恩，祿山通夷語，躬自尉撫，皆釋俘因為戰士，故其下樂輸死，所戰無前。

等，則安祿山利用其中亞胡種商業語言特長之例證也。又如言

> 養同羅降奚契丹曳落河八千人為假子。

及

> 祿山已得回紇阿布思之眾，則兵雄天下。

則安祿山利用其雜種胡人之資格，籠絡諸不同之善戰胡族，以增強其武力之例證也。故據新唐書壹壹捌韋湊附見素傳云：

明年（天寶十四載）祿山表請蕃將三十二人代漢將，帝許之，見素不悅，謂（楊）國忠曰：祿山反狀暴天下，今又以蕃代漢，難將作矣。未幾祿山反。

可知安祿山之舉兵與胡漢種族武力問題有關也。至舊唐書壹佰陸李林甫傳（新唐書貳貳叁上姦臣傳李林甫傳同。又大唐新語壹壹懲戒篇及諛佞篇尤可參據）云：

國家武德貞觀已來，蕃將如阿史那社爾、契苾何力忠孝有才略，亦不專委大將之任，多以大臣領使以制之。開元中張嘉貞、王晙、張說、蕭嵩、杜暹皆以節度使入知政事，林甫固位，欲杜出將入相之源，嘗奏曰：文士為將，怯當矢石，不如用寒族蕃人，蕃人善戰有勇，寒族即無黨援。帝以為然，乃用（安）思順代林甫領（朔方節度）使。自是高仙芝、哥舒翰皆專得大將。林甫利其不識文字，無入相由，然而祿山竟為亂階，由專任大將之故也。

其寒族、蕃人一語涉及唐代統治階級全部，俟後論之。

然安祿山叛亂之關鍵實在蕃將問題，則可與新書韋見素傳相證也。

又舊唐書壹玖玖上東夷傳高麗傳（新唐書壹佰拾泉男生傳附獻誠傳同）云：

（泉）獻誠授右衛大將軍，兼令羽林衛上下。天授中，則天嘗出金銀寶物，令宰相及南北衙文武官內擇善射者五人共賭之，內史張光輔先讓獻誠為第一，獻誠復讓右玉鈐衛大將軍薛吐摩支，摩支又讓獻誠。既而獻誠奏曰：陛下令簡能射者五人，所得者多非漢官，臣恐自此已後無漢官工射之名，伏望停寢此射！則天嘉而從之。

寅恪案，武則天時蕃將之武藝勝於漢人，於此可見。鄴侯家傳言府兵制破壞始於則天時，此亦一旁證。蓋宇文泰所鳩合之六鎮關隴胡漢集團至武曌時已開始崩潰，不待玄宗朝，而漢將之不如蕃將之善戰已如此矣。至泉獻誠為蓋蘇文之孫，男生之子，其武伎精妙猶稱當時第一，則高麗之以東隅小國能久抗隋唐全盛時傾國之師者，豈無故哉。

復次，新唐書壹貳柒張嘉貞附弘靖傳（舊唐書壹貳玖張延賞附弘靖傳略同，但無「俗謂祿山思明為二聖」語。）略云：

充盧龍節度使，始入幽州，俗謂祿山思明為二聖，弘靖懲始亂，欲變其俗，乃發墓毀棺，衆滋不悅。幽薊初效順，不能因俗制變，故范陽復亂。

寅恪案，聖人者，唐俗稱天子之語，通鑑貳貳貳上元二年三月條（舊唐書貳佰上、新唐書貳貳伍上史思明傳附朝義傳略同）略云：

（史）朝義泣曰：諸君善為之，勿驚聖人。（寅恪案：此聖人指思明。）

胡注云：

當時臣子謂其君父為聖人。

寅恪案，安史俱稱帝，故其統治之下以聖人稱之，自無足異。所可注意者，張弘靖節度盧龍在穆宗長慶初，上距安史時代已六七十年，河朔之地猶存此尊號，中央政府官吏以不能遵循舊俗，而致變叛，則安史勢力在河北之深且久，於此可見。茲節錄兩唐書所載安史同時並後來河朔及其他諸藩鎮胡化事跡於下，其種族文化二者之關係不待解釋，自然明瞭。至其人前後逆順賢否雖有不同，但非此所論範圍，故不置言也。

其血統確有胡族分子者，如

舊唐書貳佰上安祿山傳附孫孝哲傳（新唐書貳貳伍上逆臣傳同。）云：

孫孝哲，契丹人也。

新唐書貳佰拾藩鎮魏博傳史憲誠傳（舊唐書壹捌壹史憲誠傳同。）云：

史憲誠，其先奚也，內徙靈武，為建康人，三世署魏博將。

同書貳壹壹藩鎮鎮冀李寶臣傳舊唐書壹肆貳李寶臣傳同云：

李寶臣本范陽內屬奚也善騎射范陽將張鎖高為假子故冒其姓名忠志為盧龍府果毅

同書同卷王武俊傳舊唐書壹肆貳王武俊傳同云：

王武俊本出契丹怒皆部父路俱開元中與饒樂府督都李詩等五千帳求襲冠帶入居薊年十五善騎射與張孝忠齊名隸李寶臣帳下為裨將

本廻紇

同書同卷王廷湊傳舊唐書壹肆貳王廷湊傳同云：

王廷湊本迴紇阿布思之族隸安東都護府曾祖五哥之為李寶臣帳下驍果善鬪王武俊養為子故冒姓王世為裨將

同書貳壹貳藩鎮盧龍李懷仙傳舊唐書壹肆叁李懷仙傳同云：

李懷仙柳城胡也世事契丹守營州善騎射智數敏給祿山之反以為裨將

同書同卷李茂勳傳（舊唐書壹捌拾李可舉傳同）云：

李茂勳本迴紇阿布思之裔，張仲武時與其侯王皆降。資沈勇善馳射，仲武器之，任以將兵，常乘邊積功，賜姓及名。

同書貳壹叁藩鎮淄青李正己傳（舊唐書壹貳肆李正己傳同）云：

李正己高麗人，為營州副將，從侯希逸入青州，希逸母即其姑。

同書壹肆肆侯希逸傳（舊唐書壹貳肆侯希逸傳同）云：

侯希逸營州人，天寶末為州裨將，守保定城。祿山反，以徐歸道為節度使，希逸率兵與安東都護王志玄斬之，詔拜志玄平盧節度使。志玄卒，共推希逸，有詔就拜節度使。與賊確，數有功。然孤軍無援，又為奚侵略，乃拔其軍二萬，浮海入青州據之，平盧遂陷。

肅宗因以希逸為平盧淄青節度使，自是淄青常以平盧冠使。

寅恪案，據上引李正己傳，知侯希逸至少其母系為高麗人也。雖其初不從安祿山之命，然其種族固含有胡人血脈，其部下亦是胡化集團，故李正己襲奪其業，而淄青一鎮雖不在河朔，亦與之同風，遂為唐代中央政府之鉅患，蓋其人本從河北胡化集團中分出者也。

新唐書貳貳肆上叛臣傳李懷光傳（舊唐書壹貳壹李懷光傳同）云：

李懷光，渤海靺鞨人，本姓茹，父常，徙幽州，為朔方部將，以戰多，賜姓，更名嘉慶。懷光在軍以積勞為都虞候，節度使郭子儀以紀綱委懷光。

寅恪案，李懷光乃朔方軍將，屬於系統不在河北範圍，然其先嘗居幽州，故亦附及之。至唐室中興元勳李光弼則新唐書壹叁陸其本傳（舊唐書壹壹拾李光弼傳略同）云：

李光弼營州柳城人，父楷洛，以武后時入朝。是亦出於東北胡族，與安祿山同鄉里，不過政治上適立於相反之地位耳。

以上諸人或確為胡族無疑者，又雖是漢族，而有胡種嫌疑，未能確定者，茲並列之於下。其要点在無論為漢人抑或有胡族之嫌疑，其人必家世或本身居住河朔久已胡化，故亦與胡人無異者也。

新唐書貳壹拾藩鎮魏博傳田承嗣傳（舊唐書壹肆壹田承嗣傳同）云：

田承嗣，平州盧龍人，世事盧龍軍，以豪俠聞，隸安祿山麾下。

舊唐書壹肆壹田弘正傳（新唐書壹肆捌田弘正傳同）略云：

田弘正祖延惲，魏博節度使承嗣之季父也。弘正善騎射，為衙內馬兵使。既受節鉞，上表曰：臣家本邊塞，累代唐人，驅馳戎馬之鄉，不覩朝廷之禮，伏自天寶已幽陵亂，山東奧壤悉化戎墟，官封代襲，刑賞自專。

新唐書貳壹拾藩鎮魏博傳何進滔傳（舊唐書壹捌壹何進滔傳同。）云：

何進滔，靈武人，世為本軍校，少客魏，委質軍中。

寅恪案：前引新唐書西域傳，昭武九姓中有何姓，何進滔又從靈武徙居於魏，故疑其先是羯胡，本身又居魏而當時魏地亦胡化區域也。

舊唐書壹捌壹韓允忠傳（新唐書貳壹拾藩鎮魏博傳韓君雄傳同。）云：

韓允忠，魏州人也，父國昌，歷本州右職。

同書同卷樂彥禎傳（新唐書貳壹拾藩鎮魏博傳樂彥禎傳同。）云：

樂彥禎，魏州人也。父少寂，歷澶、博、貝三州刺史。

同書同卷羅弘信傳（新唐書貳壹拾藩鎮魏博傳羅弘信傳同。）云：

羅弘信，魏州貴鄉人，曾祖秀，祖珍，父讓，皆為本州軍校。

寅恪案：據[redacted]北夢瑣言中書蕃人事條，

羅亦胡姓，則羅弘信不獨世居胡化之地，且有本出胡族之嫌疑矣。

舊唐書壹肆叁朱滔傳（新唐書貳壹貳藩鎮盧龍傳朱滔傳同）云：

朱滔，賊泚之弟也。

新唐書貳壹貳藩鎮盧龍傳朱克融傳（舊唐書壹捌拾朱克融傳同）云：

朱克融，滔孫也。

同書貳貳伍中逆臣傳朱泚傳（舊唐書貳佰下朱泚傳同）云：

朱泚，幽州昌平人。父懷珪事安史二賊。

舊唐書壹肆叁劉怦傳（新唐書貳壹貳藩鎮盧龍傳劉怦傳同）云：

劉怦，幽州昌平人也。父貢，嘗為廣邊大斗軍使。怦即朱滔姑之子。

新唐書貳壹貳藩鎮盧龍傳李載義傳（舊唐書壹捌拾李載義傳同）云：

李載義自稱恒山愍王之後，性矜蕩，好與豪傑游，力挽彊搏鬥。劉濟在幽州，高其能，引補帳下。

寅恪案：李載義之稱承乾後裔，固出依託，即使其真出自承乾亦與河北諸漢將同為胡化之漢人也。

新唐書貳壹貳藩鎮盧龍傳楊志誠傳（舊唐書壹捌拾楊志誠傳同）略云：

（楊）志誠者，事（李）載義為牙將。載義走，因自為都知兵馬使。（大和）八年為下所逐，推部將史元忠總留後。

寅恪案：楊志誠、史元忠之氏族史不詳記，無以確言。但俱為[redacted]胡化之人則無可疑者。[redacted]突厥阿史那氏又省作史氏。中央昭武九姓中復有史氏，故史[redacted]元忠[redacted]殊有源出胡族之嫌疑也。（史憲誠亦為奚族，亦姓史氏，[redacted]見前引史憲誠傳。）

新唐書貳壹貳藩鎮盧龍傳張仲武傳（舊唐書壹捌拾張仲武傳同）略云：

張仲武，范陽人。通左氏春秋。會昌初為雄武軍使。（陳）行泰殺（史）元忠，而仲武遣其屬吳仲舒入朝，請以本軍擊回鶻。（李）德裕因問北方事。仲舒曰：行泰[redacted]（及）殺行泰之[redacted]（張）絳皆遊客，人心不附。仲武舊將張光朝子，年五十餘，通書，習戎事，性忠義，願歸欵朝廷舊矣。德裕乃白帝，擢兵馬留後。緯為軍中所逐。

寅恪案，張仲武受漢化較深，頗為例外。然推其所以得軍心者，以其本范陽土著，且家世舊將，而陳行泰、張絳俱是遊客，故不能與之爭，然非李文饒之策略，仲武亦未必遽得為鎮將也。

新唐書貳壹貳藩鎮盧龍傳張允伸傳（舊唐書壹捌拾張允伸傳同）云：

張允伸范陽人，世為軍校。

同書同卷張公素傳（舊唐書壹捌拾張公素傳同）云：

（張）公素范陽人，以列將事允伸。

同書同卷李全忠傳（舊唐書壹捌拾李全忠傳同）略云：

李全忠范陽人。仕為棣州司馬，罷歸，事（李）可舉為牙將，可舉死，眾推為留後。

同書同卷劉仁恭傳云：

劉仁恭深州人，父晟，客范陽，為李可舉新興鎮將，故仁恭事軍中。

（舊唐書……劉仁恭傳……略）云：

史臣曰：彼幽州者，其民剛強，近則染祿山、思明之風，二百餘年自相崇樹，雖朝廷有時命帥，而士人多務邀君，習苦忘非，尾大不掉，非一朝一夕之故也。

新唐書貳壹叁藩鎮橫海傳程日華傳（舊唐書壹肆叁程日華傳同）云：

程日華定州安喜人。父元皓為安祿山帳下，偽署定州刺史，故日華籍本軍為張孝忠牙將。

同書同卷李全略傳（舊唐書壹肆叁李全略傳同）云：

李全略事（鎮州）王武俊為偏裨。

同書貳壹肆藩鎮彰義傳吳少誠傳（舊唐書壹肆伍吳少誠傳同）云：

吳少誠幽州潞人。（父為魏博節度使都虞候。）

同書同卷吳少陽傳（舊唐書壹肆伍吳少陽傳同）云：

（吳）少陽者與少誠同在魏博軍，相友善。少誠得淮西，多出金帛邀之，養以為弟，署右職，親近無間。

同書同卷藩鎮澤潞傳劉悟傳（舊唐書壹陸壹劉悟傳同）云：

劉悟其祖正臣，平盧軍節度使，襲范陽不克死。

寅恪案：舊唐書壹肆伍劉全諒傳略云：

父客奴，由征行家於幽州之昌平。少有武藝，從平盧軍。（天寶）十五載四月授客奴平盧軍使，仍賜名正臣。襲范陽，為逆賊史思明等大敗之，正臣奔歸，為王玄志所鴆而卒。

據此知劉氏亦家於幽州昌平，漸染胡化者也。

舊唐書壹肆貳張獻誠傳（新唐書壹肆捌張守珪傳附獻誠傳同）云：

張獻誠，陝西平陸人，幽州大都督府長史守珪之子也。天寶末陷逆賊安祿山，受偽官，連陷史思明，為思明守汴州，統逆兵數萬。

同書壹肆肆薛嵩傳（新唐書壹壹壹薛仁貴傳附嵩傳同）云：

薛嵩，絳州萬泉人。祖仁貴，高宗朝名將，封平陽郡公，父楚玉為范陽平盧節使。嵩有膂力，善騎射，不知書。自天下兵起，束身戎伍，委質逆徒。

寅恪案：張獻誠薛嵩雖俱大臣子孫，又非河朔原籍，然以其父官范陽之故，少居其地，漸化胡化，竟與田承嗣之徒無別。甚哉風俗之移人若是，而河朔當日社會文化情狀亦可想見矣。

舊唐書壹貳肆令狐彰傳（新唐書壹肆捌令狐彰傳同）云：

令狐彰，京兆富平人也。父濞，初任范陽縣尉，通幽州人女，生彰，及秩滿，留彰於母氏，彰遂少長范陽。善弓矢，乃策名從軍，事安祿山。

同書同卷田神功傳（新唐書壹肆肆田神功傳同）云：

田神功，冀州人也。家本微賤，天寶末為縣里胥，會河

提行低格

朔兵興，從事幽薊。

新唐書壹肆捌康日知傳云：

康日知，靈州人。祖植，當開元時縛康待賓，平六胡州。日知少事李惟岳，累擢趙州刺史。

寅恪案：以康日知姓氏及籍貫言之，當系中央胡種也。

新唐書壹肆捌牛元翼傳云：

牛元翼，趙州人。王承宗時與傅良弼冠諸將。良弼，清河人，以射冠軍中。

舊唐書壹肆伍李忠臣傳（新唐書貳貳肆下叛臣傳李忠臣傳同。）云：

李忠臣本姓董，名秦，平盧人也。世家于幽州薊縣。忠臣少從軍，事幽州節度使薛楚玉、張守珪、安祿山等。

同書同卷李希烈傳（新唐書貳貳伍中逆臣傳李希烈傳同。）云：

李希烈，燕州遼西人。少從平盧軍，後從李忠臣浮海至河南。

綜上所引諸人，其氏族或確是漢人，或有胡種嫌疑，或為創室大臣子孫，或出微賤之族，其於中央政府或忠或叛，復有先後順逆等之互異，綜而言之，家世或本身曾居留河朔，及長於騎射二事，則大抵相類，斯實河朔地方之胡化演變所致者也。新唐書壹肆捌史孝章傳載其諫父憲誠之言曰：

天下指河朔若夷狄然。

又同書貳壹貳藩鎮傳序云：

遂使其人自視由羌狄然，訖唐亡百餘年，卒不為王土。

故不待五代之亂，神州東北一隅已如田弘正所謂「悉化戎墟」矣。尤可異者，即在唐代最盛之世，即玄宗之時，東漢魏晉北朝文化最高之河朔地域，其胡化亦已開始。自昔史家尠有解釋，茲試作一假說，以待將來之確證，然私心殊未敢自信也。

依據上引史料，神州東北一隅河朔之地域之內其居民，於漢族血統者既若是之胡化，則其地必有胡族之遷徙無疑。凡居東北與河朔有關之胡族，如高麗、東突厥（唐會要、舊唐書等俱謂之北突厥）、迴紇、奚、契丹之類，移居於其部落鄰近之地與河朔區域，自有可能，事理亦易可通者也。獨中國東北隅河朔之地而有大部之中亞胡人，遠自西北萬里之外，於短期之內而遷移於東北極端濱海之區，似不易解釋。若就舊史所載（略加考證）似有二因：其遠因為隋季之喪亂，其近因為東突厥之復興。所謂隋季之喪亂者，即舊唐書玖叁唐休璟傳（新唐書壹壹壹唐休璟傳略同）略云：

授營州戶曹。調露中，單于突厥背叛，誘扇奚、契丹侵掠州縣，後奚、羯胡又與桑乾突厥同反。都督周道務遣休璟將兵擊破之，超授豐州司馬。永淳中，朝議欲罷豐州休璟上疏曰：「豐州自秦漢已來列為州縣。隋季喪亂，不能堅守，乃遷徙百姓就寧慶二州，致戎羯交侵，乃以寧夏為近界。貞觀之末，始募人以實之，西北一隅方得寧謐。」

寅恪案：中亞羯胡必經由中國西北而漸至東北，在隋末中國擾亂之世，最為中亞胡人逐漸轉徙之良機會，兩唐書唐休璟傳或可於此中略露消息也。惟新唐書唐休璟傳及通鑑貳佰貳調露元年十月條俱無「奚羯胡」與桑乾突厥同反之語，又新唐書唐休璟傳雖亦作「戎羯交侵」，而通鑑貳佰叁弘道元年五月條改「戎羯」為「胡虜」，恐（固以「戎羯」為泛稱，見後漢書鮮卑傳又蓋臧宮傳論章懷注。然於此）不免疏漏也。然則調露弘道之間，中國東北部已有羯胡，固遠而羯胡之遷徙，實由隋季侵入西北，輾轉而來，此於事實最為合理者也。所謂東突厥之復興者，即綜考上引史料，諸胡人固入居河朔，或歸降中國之時代大抵在武則天及唐玄宗開元之世，則此三十年間中國東北方胡族之活動，其最有關大局者，莫過於東突厥之復興，即骨咄祿默啜兄弟武力之開拓，遠及中亞，竟取西突厥帝國之領部，置於其管制之下，事實是也。關於東突厥自頡利於貞觀時破滅後至骨咄祿而復興之事，非此所敢及，所能詳論，茲惟就兩唐書所載東突厥復興西突厥關係之史料略引一二，以供推證焉。

舊唐書壹玖肆上突厥傳（新唐書貳壹伍下突厥傳略同）略云：

骨咄祿，頡利之疏屬，自立為可汗，以其弟默啜為設。

骨咄祿天授中病卒。

骨咄祿死時，其子尚幼，默啜遂篡其位，自立為可汗。默啜立其弟咄悉匐為左廂察，骨咄祿子為右廂察，各主兵馬二萬餘人，又立其子匐俱為小可汗，仍主處木昆等十姓，寅恪案：舊唐書壹玖肆下西突厥傳云：其國分為十部，每部令一人統之，號為十設，每設賜以一箭，故稱十箭焉。又分十箭為左右廂，其左廂號五咄陸，其右廂號為五弩失畢，五咄陸部落居於碎葉已東，五弩失畢部落居於碎葉已西，自是都號為十姓部落。又云：其咄陸有五啜，一曰處木昆啜云云。兵馬四萬餘人，又號拓西可汗。

初默啜景雲中率兵西擊娑葛，破滅之，契丹及奚自神功之後，常受其徵役，其地東西萬餘里，控弦四十萬，自頡利之後，最為強盛，自恃兵威，虐用其眾，默啜既老，部落漸多逃散。（開元）四年，默啜又北討九姓拔曳固，戰于獨樂河，拔曳固大敗，默啜負勝輕歸，而不設備，遇拔曳固迸卒頡質略於柳林中突出，擊默啜斬之。

同書同卷下西突厥阿史那彌射傳附孫獻傳云：

長安元年，元安撫招慰十姓大使，獻本蕃漸為默啜及烏質勒所侵，遂不敢還國。

同書同卷阿史那步真傳新唐書貳壹伍下西突厥傳略同。云：

自垂拱已後，十姓部落頻被突厥默啜侵掠，死衷殆盡。及隨斛瑟羅纔六七萬人，徙居內地，西突厥阿史那氏遂絕。

寅恪案：通鑑貳佰肆紀此事删去默啜二字，蓋与垂拱二字衝突之故也。於此足徵溫公讀書之精密。新唐書貳壹伍突騎施烏質勒傳同。云

同書同卷突騎施烏質勒傳

突騎施烏質勒者，西突厥之別種也。烏質勒卒，其長子娑葛代統其衆。景龍三年，娑葛弟遮弩恨所分部落少於其兄，遂叛入突厥，請為鄉導，以討娑葛。默啜乃留娑葛，遣兵二萬人與其左右來討娑葛，擒之而還。

綜合上引諸條，可知東突厥復興之帝國，其勢力實遠及中亞。此時必有中亞胡族向東北遷徙者。史言默啜既老，部落漸多逃散，然則中國河朔之地不獨當東突厥復興盛強之時遭其侵軼蹂躪，即在其衰微之後亦復吸收其逃亡之諸胡部落，故民族受其影

響風化為之轉變，遂與往日之河北迥然不同，而成為一混雜之胡化區域矣。夫此區域之民族既已脫離漢化，而又包括東北及西北之諸胡種，若求一羈縻統治武力與策略兼具之人才，為此方隅之主將者，則柘羯與突厥雜種之安祿山實其上選也。玄宗舉東北諸鎮付之祿山，雖尚有他故，而祿山之種性與河朔之環境要必為其主因之一，豈僅如舊史所載一出於李林甫固位之私謀而已耶？

更總括以上所述者論之，則知有唐一代三百年間其統治階級之變遷升降，即是宇文泰關中本位政策所鳩合集團之興衰及其分化。蓋宇文泰當日融冶關隴胡漢民族之有武力才智者，以創霸業，而隋唐繼其遺產擴充之，其皇室及佐命功臣皆西魏以來此關隴集團之人物，所謂「八大柱國家」即此集團之代表也。當李唐初期此集團之力量猶未衰微，皇室與其將相俱出同一之系統及階級，故李氏據帝王之位，主其軸心，其他諸族入則為相，出則為將，皇室與將相大臣本同屬一階級，而將與相亦為同類之人，自無文武分途之事也。至武曌則其氏族本不在西魏北周以來關隴集團之內，故欲消滅唐室之勢力，遂開始施行破壞此傳統集團之工作，如崇尚進士文詞之科，破格用人及漸毀府兵之制等皆是也。夫關隴集團自西魏以後迄武曌歷時既經一百五十年之久，自身本已逐漸衰腐，武曌更加以破壞，遂致分崩墮落而不可救。其後皇位雖復歸李氏，至於玄宗尤稱李唐之盛世，然其祖母開始破壞關隴集團之工事，至其身竟告完成矣。此集團既破壞之後，皇室始與外朝之大臣即士大夫為不同之階級，同時閹寺黨類亦

為一統治階級，擁蔽皇室，而與外朝對立。蓋皇室與外廷
將相皆同屬於一階級而不分化，則其間將閹無閹寺階
級統治國政之餘地也。又閹寺集團本融合胡漢文武
為一體，故文武不殊途，而將相可兼任。今既別產生
一以科舉文詞進用之士大夫階級，則宰相不能不由翰林
學士中選出，邊鎮將帥之職舍蕃將莫能勝任，而將
相文武蕃漢進用之途遂分歧不可復合。舉凡進
士科舉之淫重，府兵之廢壞，以及宦官之專擅朝
政，蕃將之割據邊疆，其事俱成於玄宗之世。斯實宇
文泰所創建之關隴集團完全崩潰及唐代統治階
級轉移升降即在此時之徵象。是以論唐史者必
以玄宗一朝為時代畫分之界綫，其事雖為治國史者
所能略知，至其所以然之故，則非好學深思者不能詳確
言之也。

(中)政治革命及黨派分野

唐代政治革命有中央革命與地方革命之別，何以安史之亂以前地方政治革命均不能成功，且無多影響，而中央政治革命亦何以有成功或失敗？又唐代皇位之繼承常不固定，當新舊君主接續之交往往有宮廷革命，其原因為何？及外廷士大夫黨派若牛李等究以何發生？其分野之界綫何在？此皆前人所未嘗顯言，今此篇所欲討論者也。

上篇言宇文泰以關中本位政策創啓霸業，隋唐因之，遂混一中國，為空前之盛世。陸宣公奏議壹論關中事宜狀(參新唐書壹伍柒陸贄傳、通鑑貳貳捌建中四年八月條。)云：

太宗文皇帝既定大業，萬方底乂，猶務戒備，不忘慮危，列置府兵，分隸禁衛，大凡諸府八百餘所，而在關中者殆五百焉。舉天下不敵關中，則居重馭輕之意明矣。承平漸久，武備漸微，雖府衛具存，而卒乘罕習，故祿山竊倒持之柄，乘外重之資，一舉滔天，兩京不守。

寅恪案，陸敬輿所言唐代內外輕重之形勢與政治之關係固甚確切，但唐人論事多推崇其祖宗創制之美，此獨臣下立言之體宜然，實亦由於府兵制度之起源及其發展有所誤會。蓋府兵制為宇文泰當日「關中本位政策」中最要之一端，而此政策之實況自唐初以降已不復為人所知，故如李繁之鄴侯家傳為唐人論府兵制[illegible]主要之書，其間多所未諦，其他更可知矣。此事已於拙著隋唐制度淵源略論稿府兵制章詳言之，茲可不論。然由此推定，在「關中本位政策」猶未完全破壞，即陸宣公所謂內重外輕之勢未改以前，凡操持關中主權之政府即可以宰制全國，故政治革命止有中央革命能成功，而地方革命者，論其何名正言順，終歸失敗。此点可以解釋尉遲迥、徐敬業所以失敗，隋文帝、武則天所以成功，與夫隋煬帝遠適江左所以終喪邦家，唐高祖速據關中所以獨成帝業，迨玄宗之世關中本位政策完全放棄以後，地方革命始能成功，而唐室之衰亡實由於地方革命之安史、黃巢等叛亂及黃巢餘孽朱全忠之篡奪也。

唐代在關中本位政策即內重外輕之情勢未破壞變易以前，其政治革命惟有在中央發動者可以成功，而中央政治革命亦有成功有失敗，其成敗之關鍵實繫於守衛宮城北门之手。推原其故，蓋於唐代都城建置之形勢，其詳見拙著隋唐制度淵源略論稿禮儀章附論都城建築一節，茲僅略述大意，而附以唐代歷次中央政治革命與宮城北门有闕之史實，用資證明焉。

舊唐書壹貳陸李揆傳（參新唐書伍拾兵志及壹伍拾李揆傳通鑑貳貳壹乾元二年三月條及十七史商榷捌玖南衙北司條。）云：

時京師多盜賊，有通衢殺人置溝中者。李輔國方恣橫，上請選羽林騎士五百人以備巡檢。揆上疏曰：昔西漢以南北軍相統攝，故周勃因南軍入北軍，劉氏遂安。皇朝置南北衙，文武區分，以相伺察，今以羽林代金吾警夜，忽有非常之變，將何以制之？遂罷羽林之請。

又同書壹陸捌馮宿傳附弟定傳（新唐書壹柒柒馮宿傳附定傳同。）云：

改元（開成），御（宣政）殿，中尉仇士良請用神策仗衛在殿，定抗疏論罷。

通鑑貳肆伍開成元年正月載此事，胡注云：

南衙十六衛之兵至此雖名存實亡，然以北軍衛南牙，則外朝亦將聽命於北司，既紊太宗之紀綱，又增宦官之勢焰，故馮定言其不可。

據此，即可知唐代之北軍即衛宮之軍，權力遠在南軍即衛城之軍之上，其情勢適與西漢南北軍所處者相反。關於西漢南北軍制自宋迄今論者多矣，可以不贅。茲所欲論者，即唐代北軍及都城建置與中央政治革命之關係一端而已。

周官考工記匠人云：

面朝背市。

據通常之解釋，王宮居中，其南為朝，其北為市，故止就宮與市之位置言，則宮在市之南，或市居宮之北也。考工記作成之時代雖晚，但必為儒家依據其所得之資料加以理想化之書，似無可疑。然則其所言匠人營國宮市之位置必有為當日真實之北背景者。今知西漢首都之長安，其未央宮南之司門直抵城垣，并無坊市，而未央宮長樂宮之北則有六街三市，是與攷工記之文有所符合，豈與此書作成之時代有關耶？至隋代所營建之大興城，即後來唐之長安城，其宮在城之北端，而市則在城之南，其宮市位置適與以前西漢長安相反。唐代之南北軍與西漢之南北軍，其名雖同，而實際之輕重則相懸殊也。西漢中央政府之命令出於君主一人之身，君主所居之處乃政治成敗劇變時局之所繫，西漢長安宮在城南，故南軍為衛宮之武力。唐代長安宮在城北，故北軍為衛宮之禁旅。苟明乎此，則唐代歷次中央政革命之成敗悉決於玄武門即宮城北門軍事之勝負，而北軍統制之權實即中央政柄之所寄託也。前於略引有關史事於下：

武德九年六月四日玄武门事變為唐代中央政治革命之第一次，而太宗一生最艱危之[redacted]鬥也。後世每以成敗論人，而國史又經勝利者之修改，故不易見當時真相。然高祖太原起兵，建成即與太宗各領一軍，及為太子，其所用宮僚，如王珪、魏徵之流，即後來佐成貞觀[redacted]盛治之名臣，（可知建成亦為才智之主）至於元吉者，尤以勇武著聞。故太宗當日相與競爭之人，決非庸懦無能者。又況建成以長嫡之資格，內得高祖宮闈之陰助乎？然太宗終能於玄武门一擊而建成元吉倉卒敗亡，似此二人曾絕無計慮及準備者，頗為不近情理。故疑其間必有未發之覆，相傳之史料亦多隱諱之點也。

舊唐書陸捌尉遲敬德傳（新唐書捌玖尉遲敬德傳同）略云：

隱太子巢剌王元吉將謀害太宗，密致書以招敬德，仍贈以金銀器一車，敬德辭。敬德曰：在外勇士八百餘人，今悉入宮控弦被甲，事勢已就，王何得辭？

（東）宮（齊王）府諸將薛萬徹、謝叔方、馮立等率兵大至玄武門，殺屯營將軍，敬德持建成、元吉首以示之，宮府兵遂散。

同書同卷張公謹傳新唐書捌玖張公謹傳同。云：

武德九年六月四日，公謹與長孫無忌等九人伏於玄武門以俟變。及斬建成、元吉，其黨來攻玄武門，兵鋒甚盛，公謹有勇力，獨閉門以拒之。

同書壹捌柒上忠義傳上敬君弘傳新唐書壹玖壹忠義傳上敬君弘傳同。略云：

武德中，為驃騎將軍，掌屯營兵於玄武門，加授雲麾將軍。隱太子建成之誅也，其餘黨馮立、謝叔方率兵犯玄武門，君弘挺身出戰，與中郎將呂世衡並遇害。太宗甚嗟賞之，贈君弘左屯衛大將軍，世衡右驍衛將軍。

同書同卷馮立傳略云：

隱太子建成引為翊衛車騎將軍。建成被誅，（立）率兵犯玄武门，苦戰久之，殺屯營將軍敬君弘，解兵遁於野。俄而來請罪，太宗數之曰：昨日出兵來戰，殺傷我將，何以逃死？

同書同卷謝叔方傳略云：

太宗誅隱太子及元吉於玄武门，叔方率（齊王）府兵与馮立合軍拒戰於北闕下，殺敬君弘、呂世衡，太宗兵不振。秦府護軍尉遲敬德傳元吉首以示之，叔方下馬號哭而遁。明日出首，太宗命釋之。

據此，太宗之所以得勝，建成元吉之所以致敗，俱由一得以兵據玄武门，即宮门之北门，一不得以兵入玄武门故也。然則玄武门為武德九年六月四日事變成敗之關鍵，至為明顯。但此中實有未發之覆，即玄武门地勢之重要，建成元吉豈有不知，必預有所防衛，何能令太宗死黨得先隱伏奪據此要害之地乎？今得見巴黎國民圖書館藏敦煌寫本伯希和號貳陸肆拾李義府撰常何墓誌銘，然後知太宗與建成元吉兩方皆誘致對方之勇將，常何舊曾隸屬建成，而為太宗所利誘，當武德九年六月四日實任屯守玄武門之職，故建成不以致疑，而太宗因之竊發，迨太宗既殺其兄弟之後，常何遂總率北门之屯軍矣，此亦新史料之發見足資補釋舊史所不能解之一端也。至於敬君弘呂世衡則觀太宗數馮立罪所言，殆與常何同為太宗之黨與？史料缺乏，未敢遽定，俟更詳考之。

舊唐書玖壹桓彥範傳新[redacted]唐書壹[redacted]貳拾桓彥範傳同，並參舊唐書壹捌柒上新唐書壹玖壹忠義傳王同皎傳略云：

（張）柬之遂引彥範及（敬）暉並為左右羽林將軍，委以禁兵，共圖其事。時皇太子每於北门起居，彥範与暉因得謁見，密陳其計，太子從之。神龍元年正月彥範與敬暉及左羽林將軍李湛李多祚右羽林將軍楊元琰左威衛將軍薛思行等率左右羽林兵及千騎五百餘人討（張）易之昌宗於宮中。令李湛李多祚就東宮迎太子，兵至玄武门，彥範等奉太子斬關而入。時則天在迎仙宮之集仙殿，斬易之昌宗於廊下。明日太子即位。

同書壹佰玖李多祚傳（新唐書壹壹拾李多祚傳同。）略云：

少以軍功歷位右羽林大將軍，前後掌禁兵，北門宿衛二十餘年。神龍初，張柬之將誅張易之兄弟，引多祚籌其事，謂曰：將軍在北門幾年？曰：三十年矣。柬之曰：將軍位極武臣，豈非大帝之恩乎？曰：然。又曰：既感大帝殊澤，能有報乎？大帝之子見在東宮，張易之兄弟擅權，朝夕危逼，誠能報恩，正屬今日。多祚曰：苟緣王室，唯相公所使。遂與柬之等定謀誅易之兄弟。

寅恪案：武則天雖居洛陽，然東都宮城之玄武门亦與長安宮城之玄武门同為形勢要害之地，中宗復辟之成功實在能溝通北門禁軍之故。蓋張柬之既得羽林軍統將李多祚之同心，大局已成，即以武曌之梟雄亦無抵禦之力（能）矣。

舊唐書捌陸節愍太子重俊傳（新唐書捌壹節愍太子重俊傳同。）略云：

（神龍）三年七月，重俊率左羽林大將軍李多祚等矯制發左右羽林兵及千騎三百餘人，殺（武）三思及重訓于其第。又令左金吾大將軍成王千里分兵守宮城諸门，自率兵趨肅章门，斬關而入，求韋庶人及安樂公主所在。韋庶人及公主等擁帝馳赴玄武門樓，召左羽林將軍劉景仁等，令率留軍飛騎及百餘人於樓下列守。俄而多祚等兵至，欲突玄武門樓，宿衛者拒之不得進。帝據檻呼多祚等所將千騎，謂曰：汝等並是我爪牙，何故作逆？若能歸順，斬多祚等，與汝富貴。於是千騎王歡喜等倒戈斬多祚等，餘黨遂潰散。

寅恪案，李多祚以一人之身二次影率禁軍預聞中央政治革命之役，然而前後成敗互異者，以神龍三年七月辛丑（初六日）之役，韋后安樂公主猶倚有劉景仁等一部之北門衛兵，故能堅守玄武門樓要地，及中宗親行宣諭，而多祚所率之禁軍遂倒戈迴向，一敗塗地矣。然則中央政治革命之成敗，其繫於玄武門之形勢及守衛北門之禁軍如是之重大，治唐史者誠不宜忽視之也。

舊唐書捌玄宗紀上（新唐書伍玄宗紀及通鑑貳佰玖景雲四年六月條同。）略云：

（唐隆元年六月）庚子夜，（上）率（劉）幽求等數十人自苑南入總監，鍾紹京又率丁匠百餘人以從，分遣萬騎往玄武門殺羽林將軍韋播高嵩，持首而至，衆歡呼大集，攻白獸玄德等门，斬關而進，左萬騎自左入，右萬騎自右入，合於凌煙殿前。時太極殿前有宿梓宮萬騎，聞譟声，皆披甲應之，韋庶人惶惑走入飛騎營，為亂兵所害。

同書伍壹后妃傳上（新唐書柒陸后妃傳上中宗韋庶人傳同，並參考舊唐書壹捌叁新唐書貳佰陸外戚傳韋溫傳）略云：

帝（中宗）遇毒暴崩，后懼，祕不發喪，定策立溫王重茂為皇太子，召諸府兵五萬人屯京城，分為左右營，然後發喪。少帝即位，尊后為皇太后，臨朝攝政，韋溫總知內外兵馬，守援宮掖，駙馬韋捷、韋濯分掌左右屯營，武延秀及溫從子播、族弟璿、外甥高嵩共典左右羽林軍及飛騎萬騎。

播瑨欲先樹威嚴，拜官日先鞭萬騎數人，衆皆怨，不爲之用。臨淄王率薛崇簡、鍾紹京、劉幽求等領萬騎及總監丁夫入自玄武門，至左羽林軍，斬將軍韋璿、韋播及中郎將高嵩於寢帳，遂斬關而入至太極殿。后惶駭，遁入殿前飛騎營，爲亂兵所殺。

同書壹佰陸王毛仲傳（新書（唐）壹貳壹王毛仲傳同。）云：

初，太宗貞觀中，擇官戶蕃口中少年驍勇百人，每出游獵，令持弓矢於御馬前射生，令騎豹文韉，著畫獸文衫，謂之百騎。至則天時漸加其人，謂之千騎，分隸左右羽林營。

孝和謂之萬騎，亦置使以領之。玄宗在藩邸時常接其豪俊者，或賜飲食財帛，以此盡歸心焉。毛仲亦悟玄宗之旨，待之甚謹。玄宗益憐其敏慧。及（景龍）四年六月中宗遇弑，韋后稱（制）令韋播、高嵩為羽林將軍，令押千（寅恪案：通鑑千作萬，是。蓋中宗已改千騎為萬騎矣。）騎營，榜捶以取威，其營長葛福順、陳玄禮等相與見玄宗訴冤。會玄宗已與劉幽求、麻嗣宗、薛崇簡等謀舉大計，相顧益歡，令幽求諷之，皆願決死從命。及二十日夜，玄宗入苑中。乙夜，福順等至。玄宗曰：与公等除大逆，安社稷，各取富貴，在於俄頃，何以取信？福順等請號而行。斯須斬韋播、韋璿、高嵩等頭來，玄宗舉火視之。又召鍾紹京，領總監丁匠刀鋸百人至。因斬關而入。后及安樂公主等皆為亂兵所殺。

寅恪案：玄宗景雲四年六月二十日夜之舉兵与三年前即神龍三年七月六日節愍太子重俊玄武门之事變正復相似，而成敗不同者，以玄宗能預結羽林萬騎諸營長葛福順、陳玄禮等，而韋后死黨守衛玄武门之羽林禁軍諸統將如韋播、高嵩等皆為其下所殺故也。

又以上所述自太宗至玄宗中央政治革命凡四次，俱以玄武门之得失及屯衛北门之禁軍之向背為成敗之關鍵，然此皆訴之武力公開決戰者也。至於武曌之改唐為周，韋氏之潛移政柄，則其轉變樞機不出闈闥之間，兵不血刃而全國莫之能抗，則以關中本位政策施行以來，內重外輕之勢所致也。然自玄宗末年安史叛亂之後，內外輕重形勢既與以前不同，中央政變除極少破例及極小限度外，大抵不訴之武力及公開戰爭，而轉移於宮禁以內，皇位繼承之爭奪，於是劇烈。皇位繼承之無固定性及新舊君主接續之交輒有政變發生，遂為唐代政治史之一大問題也。

唐自開國時建成即號為皇太子，而太宗以功業聲望卓越之故實有奪取之圖謀，卒釀武德九年六月四日玄武门之事變，其事已如前述，且世所習知者也。太宗立承乾為太子，其乃長孫皇后之長子，既居長嫡之位，其他諸子又無太宗之功業声望可以啟其窺伺之心者，然承乾終被廢棄，諸子爭立太宗心中之苦悶及其失態觀舊史長孫無忌傳所載可知之矣。

舊唐書陸伍長孫無忌傳（新唐書壹佰伍長孫無忌傳同。）云：

太子承乾得罪，太宗欲立晉王，而限以非次，迴惑不決。御兩儀殿，群官盡出，獨留無忌及司空房玄齡、兵部尚書李勣，曰：我三子一弟所為如此，我心無憀。因自投於牀，抽佩刀欲自刺，無忌等驚懼，爭前扶抱，取佩刀以授晉王。無忌等請太宗所欲，報曰：我欲立晉王。無忌曰：謹奉詔，有異議者臣請斬之。太宗謂晉王曰：汝舅許汝，宜拜謝。晉王因下拜。太宗謂無忌等曰：公等既符我意，未知物論何如？無忌曰：晉王仁孝，天下屬心久矣。伏乞召問百寮，必無異辭，若不舞蹈同音，臣負陛下萬死。於是建立遂定，因加授無忌太子太師。尋而太宗又欲立吳王恪，無忌密爭之，其事遂輟。

寅恪案：太宗以蓋世英雄，果於決斷，而至皇位繼承問題乃作如此可笑之狀，雖曰故為失態，施用權術，以能制諸腹心大臣，然其內心之煩惱迴惑已臻極點，則無疑也。蓋皇位繼承既不固定，則朝臣黨派之活動必不能止息。太宗之苦悶不能決，實職此之由。又觀於其經此戲劇式之御前決議建立晉王為太子之後又欲改立吳王恪，可知當時皇位繼承終是搖動不固定之事，因此新君之嗣位亦不得不別有擁戴扶立之功臣，若皇儲之位充分固定者，則何所用此輩擁立之功臣乎？

至於高宗本庸懦之主，受制於武后，皇儲不能固定，夫何足怪。而武曌本為曠世怪傑，既屢屠殺其親生之子孫，何況區區廢立之事。其皇位繼承之不定，乃更意中事也。今略引史文於下：

舊唐書捌陸燕王忠傳（新唐書捌壹燕王忠傳同。）云：

燕王忠，高宗長子也。（永徽）三年立忠為皇太子，顯慶元年廢忠為梁王。

同書中宗紀略云：

永隆元年章懷太子廢，其年立為皇太子。弘道元年

十二月高宗崩，即帝位。嗣聖元年二月皇太后廢

帝為廬陵王，其年五月遷東都，遷於均州，尋徙

居房陵。聖曆元年召還東都，立為皇太子。神龍元年

正月張柬之等率羽林兵誅（張）易之、昌宗，迎皇太子

監國。乙巳則天傳位於皇太子。丙午即皇帝位。

同書同卷睿宗紀略云：

嗣聖元年則天臨朝，廢中宗為廬陵王，立帝為皇

帝。及革命，改國號為周，降帝為皇嗣，徙居東宮，其具儀一比皇太子。聖曆元年中宗崩，臨淄王諱（隆基）等率兵入北軍，誅韋溫等。甲辰，少帝遜于別宮，是日即皇帝位。

（又參考舊唐書捌陸、新唐書捌壹孝敬皇帝弘傳、章懷太子賢附見傳。）

同書壹壹陸承天皇帝倓傳　新唐書捌貳承天皇帝倓傳同云：

（李）泌因奏（肅宗）曰：臣幼稚時念黃臺瓜辭，陛下嘗聞其說乎？高宗大帝有八子，睿宗最幼。（與）天后所生三子自為行第，故睿宗第四。長曰孝敬皇帝，為太子監國，而仁明孝悌。天后方圖臨朝，乃鴆殺孝敬，立雍王賢為太子。賢每日憂惕，知必不保全，與二弟同侍於父母之側，無由敢言，乃作黃臺瓜辭，令樂工歌之，冀天后聞之省悟，即生哀愍。辭云：種瓜黃臺下。瓜熟子離離。一摘使瓜好。再摘令瓜稀。三摘猶尚可。四摘抱蔓歸。而太子賢終為天后所逐，死於黔中。

然最可注意者，實為神龍元年正月癸卯（二十二日）玄武门之事變，其事自唐室諸臣言之，則為易周為唐，革命（為中興，為政治）。自武則天個人言之，則不過貪功擁立既已指定繼承之儲君而已。此事是非及其本末今不能詳述，所欲論者，即中宗雖復位為皇太子，而其皇位繼承權實非固定。若全國當日俱認其必終繼武后之位而不動搖者，則五王等更將何所依藉以為號召耶？茲錄通鑑神龍元年五月甲午以侍中齊公敬暉為平陽王條考異所引統紀原文，而為司馬君實所不取之，以佐證鄙說焉。其原文云：

太后善自粉飾，雖子孫在側，不覺衰老。及在上陽宮，不復櫛頮，形容羸悴。上（中宗）入見，大驚。太后泣曰：我自房陵迎汝來，固以天下授汝矣。而五賊貪功，驚我至此。上悲泣不自勝，伏地拜謝死罪。由是（武）三思等得入其謀。

其實此節史料最可解釋中宗朝武氏權勢不因則天失位以消滅之故，而溫公乃不之信，無亦過於審慎耶？

舊唐書捌陸殤皇帝重茂傳云：

景龍四年中宗崩，韋庶人立重茂為帝，而自臨朝稱制。及韋氏敗，重茂遂遜位，讓叔父相王。

同書同卷節愍太子重俊傳（新唐書捌壹節愍太子重俊傳同。）略云：

（神龍）二年秋立為皇太子。時武三思得幸中宮，深忌重俊。三思子崇訓尚安樂公主，常教公主陵忽重俊，以其非韋氏所生，常呼之為奴。或勸公主請廢重俊為王，自立為皇太女，重俊不勝忿恨。

寅恪案：殤帝重茂以韋氏敗見廢，韋氏即不敗，若仿武明空之前例，則重茂亦未必能久立，何況其非韋氏所生者矣。節愍太子重俊起兵失敗，已於前言之。然究其所以舉兵之由，實以既受武三思父子及韋氏、安樂公主等之陵疾，明知其皇位繼承至不固定，遂冒險而出此耳。

睿宗嫡長子成器雖曾居皇太子之位，終以其庶弟隆基（玄宗）功業顯著之故，而讓皇儲，是其皇位繼承之不固定無待言矣。玄宗雖非長嫡，然以起兵誅韋氏，廢殤帝，戴睿宗之功，得越其嫡兄成器，而立為皇太子，蓋有懲於建成、太宗之故事，宜其皇位繼承權之固定。及考諸記載，殊亦不然。茲略引史文，以證明之：

舊唐書玖伍讓皇帝憲傳（新唐書捌壹讓皇帝傳同）略云：

讓皇帝憲本名成器，睿宗長子也。文明元年立為皇太子。及睿宗降為皇嗣，則天冊授成器為皇孫。

唐隆元年進封宋王。睿宗踐阼，時將建儲貳，以成器嫡長，而玄宗有討平韋氏之功，意久不定。成器固讓，睿宗乃許之。

同書卷八玄宗紀上（新唐書卷五玄宗紀同）略云：

（唐隆元年）七月丙午（睿宗）制曰：第三子基可立為皇太子！（景雲二年）二月又制曰：皇太子基宜令監國，其六品以下除授及徒罪以下處分悉取基處分！延和元年六月，凶黨因術人聞睿宗曰：據玄象，帝座及前星有災，太子合作天子，不合更居東宮矣。睿宗曰：傳德避災，吾意決矣。七月壬午制曰：皇太子基可令即皇帝位！上（玄宗）叩頭請所以傳位之旨。睿宗曰：吾因汝功業得宗社，易位於汝，吾知晚矣。上（玄宗）始居武德殿視事，三品以下除授及徒罪皆自決之。先天二年七月三日左羽林大將軍常元楷右羽林將軍李慈等與太平公主同謀，期以其月四日以羽林軍作亂，上密知之，因出武德殿，入虔化門，梟常元楷李慈於北闕。睿宗明日下詔曰：朕將[redacted]高居無為，自今軍國政刑一事已上並取皇帝處分。——通鑑開元元年七月乙丑上皇[redacted]（睿宗）徙居百福殿。

同書玖陸姚崇傳新唐書壹貳肆姚崇傳同云：

時玄宗在東宮，太平公主干預朝政，宋王成器為廐閑使，岐王範，薛王業皆掌禁兵，外議以為不便。元之（睿宗）同侍中宋璟密奏：請令公主往就東都，出成器等諸王為刺史，以息人心。睿宗以告公主，公主大怒。玄宗乃上疏，以元之璟等離間[redacted]兄弟，請加罪，

乃貶元之為申州刺史。

同書同卷宋璟傳新唐書壹貳肆宋璟傳同云：

時太平公主謀不利於玄宗，嘗於光範門乘輦伺執政以諷之，衆皆失色。璟昌言曰：東宮有大功於天下，真宗廟社稷之主，安得有異議？乃與姚崇同奏請令公主就東都。玄宗懼，抗表請加罪於璟等，乃貶璟為楚州刺史。

同書玖柒張說傳（新唐書壹貳伍張說傳同。）云：

是歲（睿宗景雲二年）二月，睿宗謂侍臣曰：有術者上言：五日內有急兵入宮，卿等為朕備之！左右相顧莫能對。說進曰：此是讒人設計，擬搖動東宮耳！陛下若使東宮監國，則君臣分定，自然窺覦路絕，災難不生。睿宗大悅，即日下制皇太子監國。明年，又制皇太子即帝位。俄而太平公主引蕭至忠、崔湜等為宰相，以說為不附己，轉為尚書左丞，罷知政事，仍令往東都留司。說既知太平陰懷異計，乃使獻佩刀於玄宗，請先事討之，玄宗深嘉納焉。

寅恪案，玄宗既以有大功故得立為皇太子，而其皇位繼承權仍不固定。其後雖已監國，並受內禪即皇帝位矣，其皇位之不安定也如故。非至誅夷太平公主黨徒之後，睿宗迫不得已放棄全部政權，退居百福殿，於是其皇位始能安定，此誠可注意者也。至太平公主欲以羽林軍作亂，幸玄宗早知其謀，先發制人，得斬禁軍統將常元楷李慈等，而太平徒黨因以覆滅。唐代中央政治革命之成敗，繫於北門衛兵之手，斯又一旁證也。

舊唐書壹佰柒廢太子瑛傳（新唐書捌貳太子瑛傳同）略云：

廢太子瑛，玄宗第二子也。開元正月立為皇太子。

及武惠妃寵幸，（瑛母趙）麗妃因之漸弛。惠妃之子壽王瑁鍾愛，（惠）妃泣訴於玄宗，以太子結黨，將害於妾母子，亦指斥於至尊。玄宗震怒，謀於宰相，意將廢黜。中書張九齡奏曰：今太子既長，無過。玄宗默然，事且寢。李林甫代張九齡為中書令，希惠妃之旨，託意於中貴人，揚壽王瑁之美。（開元）二十五年（惠妃女咸宜公主夫）楊洄又構於惠妃，言瑛兄弟（鄂王瑤光王琚）三人與太子妃兄薛鏽構異謀。玄宗遽召宰相籌之。林甫曰：此蓋陛下家事，臣不合參知。玄宗意乃決矣。使中官宣詔於宮中，並廢為庶人，鏽配流，俄賜死於城東驛。

寅恪案，瑛乃玄宗初立之太子，其皇位繼承，隱已不能固定矣。至於此後所立之太子即後來繼位之肅宗，其皇位繼承權亦屢有動搖。若非乘安祿山變叛之際擁兵自立為帝，則其果能終嗣皇位與否，殊未可知也。

新唐書貳佰柒宦者傳上高力士傳（參考通鑑貳壹肆開元二十六年五月條。）云：

> 初太子瑛廢，武惠妃方嬖，李林甫等皆屬壽王。帝（玄宗）以肅宗長，意未決，居忽忽不食。力士曰：大家不食，亦膳羞不具耶？帝曰：爾我家老，揣我何為而然？力士曰：嗣君未定耶？推長而立，孰敢爭？帝曰：爾言是也。儲位遂定。

舊唐書拾肅宗紀云：

> 肅宗玄宗第三子。（開元）二十六年六月庚子立為皇太子。初，太子瑛得罪，上召李林甫議立儲

貳。時壽王母武惠妃方承恩寵，林甫希旨，以瑁對，及立上（肅宗）為太子，林甫懼不利己，乃起韋堅、柳勣之獄，上幾危者數四。後楊國忠依妃家，恐為褻穢，懼上英武，潛謀不利，為患久之。（天寶）十四載十一月（安）祿山稱兵詣闕。十二月辛丑，制太子監國，仍遣上統軍進討。時祿山以誅楊國忠為名，國忠懼，乃與貴妃謀間其事，上遂不行。明年六月，關門不守，國忠諷玄宗幸蜀。車駕將發，（馬嵬頓）留上在後宣諭百姓。上迴軍（欲收復長安）七月辛酉，上至靈武。（非衣）裴冕（杜鴻漸）等凡六上牋（請即皇帝位），上不獲已，乃從。是月甲子，上即皇帝位於靈武。

同書壹捌肆宦官傳李輔國傳 新唐書貳佰捌宦者傳下李輔國傳[redacted]同。

云

一三

（安）祿山之亂，玄宗幸蜀，輔國侍太子（肅宗）扈從，至馬嵬，誅楊國忠。輔國獻計太子，請分玄宗麾下兵，北趨朔方，以圖興復。輔國從至靈武，勸肅宗即帝位，以系人心。

實際棄，玄宗何以舍壽王瑁而立肅宗為皇太子？其故頗不易解，然此別為一問題，非拙篇所能論及也。惟肅宗既立為皇太子之後，其皇位繼承權甚不[redacted]固定。故乘安祿山叛亂玄宗倉皇幸蜀之際，分兵北走，自取帝位，不稽別開[redacted]唐代內禪之新局，[redacted]而李輔國[redacted]因是為擁戴之元勛，逆特創後來閹寺[redacted]擁戴或廢黜儲君之先例，此[redacted]甚可注意者也。

舊唐書壹壹代宗紀略云：

代宗肅宗長子，~~[illegible]~~（乾元元年）四月庚寅立為

皇太子（寶應元年四月肅宗大漸，所幸張皇后無子，
后懼上（代宗）功高難制，陰引越王係於宮中，將圖
廢立。乙丑皇后矯詔召太子。中官李輔國、程元振素
知之，乃勒兵於凌霄門，俟太子至，即衛從太子入
飛龍廄。是夕勒兵於三殿，收捕越王係及內
官朱光輝、馬英俊等，禁錮之。幽皇后於別殿。
丁卯肅宗崩，元振等始迎上於九仙門見羣
臣，行監國之禮。己巳即皇帝位於柩前。

同書后妃傳下肅宗張皇后傳（新唐書卷七十七后妃傳下肅宗張皇后傳同。）略云：

先在靈武時，太子（代宗）弟建寧王倓為后誣
譖而死，自是太子憂懼，常恐后之構禍。后以建
寧之隙，常欲危之。寶應元年四月肅宗大漸，
后與內官朱輝光、馬英俊、啖庭瑤、陳仙甫等謀立越

王倕，矯召太子入侍疾，中官程元振李輔國知其謀。及太子入，二人以難告。請太子在飛龍廄。元振率禁軍收越王係朱光輝等。俄而肅宗崩，太子監國，遂移后於別殿，幽崩。誅馬英俊（等）。

同書壹壹陸承天皇帝倓傳（新唐書捌貳承天皇帝倓傳同。）略云：

時廣平王（代宗）立大功，亦為張皇后所忌，潛搆流言。

同書壹捌肆宦官傳李輔國傳（新唐書貳佰捌宦者傳下李輔國傳同。）云：

輔國判元帥行軍司馬，專掌禁軍。代宗即位，輔國與程元振有定策功

同書同卷宦官傳程元振傳（新唐書貳佰柒宦者傳上程元振傳同。）

云：
寶應末肅宗晏駕。張皇后與太子（代宗）有隙，恐
不附己，引越王係入宮，欲令監國。元振知其謀，
密告李輔國，乃挾太子誅越王係并其黨與。
實指棄，代宗雖有收復兩京之功，而其為皇太子時，皇位
繼承權不固定如此。最可注意者，自寶應元年四月乙丑（十六日）事
變又張皇后失敗後，唐代宮禁中自武曌以降女
后之政治遂告終結，而皇位繼承之決定悉歸於閹寺
之手矣。但閹寺之中又分黨派，互有勝敗，如程元
振等與朱光輝等之爭，即是其例。至於李氏子孫，
無論其得或不得繼承帝位，如代宗與越王係之例，
皆閹寺黨派之傀儡工具而已。
舊唐書壹捌肆楊復恭傳（新唐書壹肆伍楊復恭傳同）略云：
李正己上表請殺（劉）晏之罪，炎懼，乃遣腹

心，分征諸道，言劉晏之得罪，以昔年附會姦邪，謀立獨孤妃爲皇后，上自惡之，非他過也。

同書同卷黎幹傳（新唐書壹肆伍黎幹傳同。）云：

大曆中，德宗居東宮，幹及（宦官劉）清潭嘗有姦謀動搖。

同書壹貳叁劉晏傳（新唐書壹肆玖劉晏傳同。）略云：

時人風言代宗寵獨孤妃，而又愛其子韓王迥。晏密啓（代宗），請立獨孤爲皇后。楊炎言：賴祖宗福祐，先皇（代宗）與陛下（德宗）不爲賊臣所間。不然，劉晏黎幹之輩搖動社稷，凶謀果矣。

同書壹叁柒趙涓傳（新唐書壹陸壹趙涓傳同。）云：

永泰初，涓爲監察御史，時禁中火，燒屋室

數十間。火發處與東宮稍近，代宗深疑之。涓為巡使，俾令即訊。涓周歷壖囿，按據迹狀，乃上直中官遺火所致也。推鞫明審，頗盡事情。既奏，代宗稱賞焉。德宗時在東宮，常感涓之究理詳細。

寅恪案，此德宗為太子時，其皇位繼承亦不甚固定之證也。

新唐書柒順宗紀云：（略）

大曆十四年十二月乙卯立為皇太子。郜國公主以蠱事得罪，太子妃母其女也，德宗疑之，幾廢者屢矣。賴李泌保護，乃免。

舊唐書壹叁拾李泌傳（新唐書壹叁玖李泌傳同）云：

順宗在春宮，妃蕭氏母郜國公主交通外人，上（德宗）疑其有他，連坐貶黜者數人，皇儲亦危，泌百端奏說，上意方解。

同書壹伍玖衛次公傳、新唐書壹陸肆衛次公傳同，並參考舊唐書壹伍玖鄭絪傳。云：

(貞元)二十一年正月德宗升遐，時東宮(順宗)疾恙方甚，倉卒召學士鄭絪等至金鑾殿。中人或云內中商量所立未定。眾人未對。次公遽言曰：皇太子雖有疾，地居冢嫡，內外繫心。必不得已，當立廣陵王(憲宗)。若有異圖，禍難未已。絪等隨而唱之，眾議方定。

寅恪案，通鑑貳叁貳貞元三年六月條及貳叁叁貞元三年八月條載順宗為皇太子時幾被廢黜事甚詳，茲與新唐書李泌傳同採自鄴侯家傳也。李繁之言雖多溢美，然順宗當日皇位繼承之動搖則固不可誣也。

依時代之次序，此下當論述憲宗之事迹。但永貞內禪尤為唐代內廷閹寺黨派競爭與外廷士大夫關係之一最顯著之事例，且唐代外廷士大夫之牛李黨爭即起於憲宗元和，之世。[redacted]茲為敘述便利之故，專論唐代皇位繼承不固定之事實，[redacted]則至順宗為止，此後以內廷及外朝之黨派與皇位繼承二端合併論證，而在論此二端之前，先一言唐代士大夫黨派分野之界綫焉。

唐代統治階級在武曌未破壞「關中本位政策」以前，除宇文泰所創建之關隴集團諸族以[redacted]外，則為北朝傳統之山東士族，凡外廷之士大夫大抵屬於此類之人也。[redacted]所謂士族者其初并不專以先代之高官厚祿為其唯[redacted]一之表徵，而實用家學及禮法等等以標異於其他[redacted]諸姓。如范陽盧氏者，山東第一等之門第也。然魏收著魏書，其第肆柒卷盧玄傳論（李延壽北史卷叁拾盧玄傳論即承用[redacted]伯起之文。）云：

盧玄緒業著聞，首應旌命，子孫繼迹，為世盛門。其文武功烈殆無足紀，而見重於時，聲高冠帶，蓋

德業儒[redacted]素有過人者

其實依起此言不獨限於北魏時之范陽盧氏，凡魏晉南北朝之士族盛門考其原始，幾無不如是。魏晉之際雖一般社會有[redacted]鉅族小族之分，然小族之男子苟以才器著聞，得稱為名士者，則其人之政治及社會地位即與鉅族之子弟無所區別，小族之女子苟能以禮法特見尊重，亦可與高門通婚，非若後來士族之婚宦二事以祖宗官職之高下為惟一之標準者也。此點關係魏晉南北朝士族門第問題之全部，茲以篇殊難詳悉考辨，故除上引魏書盧玄傳論關於河北者外，更舉一關於江左者一事，以為例證，其餘雖不能多及，但可以類推也。

舊唐書壹玖拾上文苑傳上袁朗傳（新唐書貳佰壹文藝傳上袁朗傳同。）略云：

袁朗其先自陳郡仕江左，世為冠族。朗自以中外人物為海內冠族，雖瑯琊王氏繼有台鼎，而歷朝首為佐命，鄙之不以為伍。朗孫誼又虞世南外孫。神功中，為蘇州刺史。嘗因視事，司馬清河張沛通謁。沛侍中文瓘之子。誼揖之曰：司馬何事？沛曰：此州得一長史，是隴西李亶，天下甲門。誼曰：司馬何言之失。門戶須歷代人賢，名節風教為衣冠顧瞻，始可稱舉，老夫是也。夫山東人尚於婚媾，求於利祿。作時柱石，見危授命，則曠代無人。何可說之，以為門戶！沛懷慚而退。時人以為口實。

寅恪案，袁誼張沛之言皆是也。不過袁說代表六朝初期門第原始本義，張說代表六朝後期門第演化通義之別而已。然於此亦可以觀古今世變矣。又袁誼山東人尚婚媾之言可取與新唐書壹玖玖儒學傳

中柳沖傳附載柳芳論氏族文中

山東之人尚婚婭，江左之人尚人物，關中之人尚冠冕，代北之人尚貴戚。

諸語參證，蓋袁張之異同，亦兼有地域性在，匪僅古今時向之關係，但此非本篇範圍所能具論者也。

夫士族之特點既在其門風之優美不同於凡庶，而優美之門風實基於學業之因襲。此事實據皆於拙著隋唐制度淵源略論稿禮儀章詳論之，茲不復贅。但漢代學術之重心在京師之太學，學術與政治之關鎖則為經學，蓋以通達經義為仕宦之途徑而致身貴顯也。自東漢末年喪亂以後，學術重心自京師之太學漸移於地方之豪族。學術本身變遷至鉅，然其與政治之關鎖則未改易，即仍循其自漢以來通經從政一貫之軌轍。

一三二

與唐高宗武則天後之專尚進士科以文詞為仕進之唯一途徑（清流）
者大有不同也。由此可得一結論，即唐代士大夫中其[redacted]主張經學為
正宗，薄進士為浮治者，大抵北朝以來山東士族之舊家也。其由進
士出身，而以才華放浪著稱者，大抵高宗武后以來君主所
提拔之新興統治階級也。其間山東舊族亦有由進士出身，而
以才華放浪著稱之人或為[redacted]公卿世家之子弟者，則因
舊日之士族既已淪替，乃與新興階級[redacted]漸染混同，而新
興階級雖[redacted]取得統治地[redacted]位，但未具山東舊時士族之禮法門風，故
其逞才放浪之習氣猶不能改易也。總之，兩種新舊不
[redacted]同之士大夫階級空間時間俱非絕對隔離，自不能無互
相傳染薰習[redacted]之事。但兩者分野之界畫要必於
其社會歷史背景求之，然後唐代士大夫之最大黨派如牛
李諸黨之如何構成，以及其與內廷閹寺之黨派互相勾結利用之
[redacted]隱微始可豁然通解矣。請略徵史實，以證明之：

舊唐書壹捌上武宗紀會昌四年末載宰相李德裕之言（參考新唐書肆肆選舉志，舊紀德裕語，恐不可信，又唐語林壹言語類李太尉德裕未出學院條）云：

臣無名第，不合言進士之非。然臣祖（栖筠）天寶末以仕進無他岐，勉強隨計，一舉登第，自後不於家置文選，蓋惡其祖尚浮華，不根藝實。然朝廷顯官須是公卿子弟。何者？自小便習舉業，目熟朝廷間事，臺閣儀範，班行准則，不教而自成。寒士縱有出人之才，登科之後始得一班一級，固不能熟習也。

新唐書肆肆選舉志（參考舊唐書壹柒叁鄭覃傳、新唐書壹陸伍鄭珣瑜傳附鄭覃傳及王定保摭言壹散序進士條等。）略云：

文宗好學嗜古，鄭覃以經術位宰相，深嫉進士浮薄，屢請罷之。文宗曰：敦厚浮薄色色有之，進士科取人二百年矣，不可遽廢，因得不罷。武宗即位，李德裕尤惡進士。初，舉人既及第，綴行通名，詣主司第謝。又有曲江會題名席。至是德裕奏：國家設科取士，而附黨背公，自為門生。自今一見有司而止，其期集參謁曲江題名皆罷。

舊唐書壹柒肆李德裕傳（新唐書壹捌拾李德裕傳同，又參考玉泉子李衛公以己非科影衛。）略云：

李德裕趙郡人。祖栖筠御史大夫。父吉甫趙國公，元和初宰相。德裕苦心力學，尤精西漢書左氏春秋。恥與諸生同鄉賦，不喜科試。

同書壹柒叁鄭覃傳（新唐書壹陸伍鄭珣瑜傳附覃傳同。）略云：

鄭覃（滎陽人）故相珣瑜之子，以父蔭補弘文校理。覃長於經學，稽古守正，帝（文宗）尤重之。嘗從容奏曰：經籍訛謬，博士相沿，難爲改正。請召宿儒奧學，校定六籍，準後漢故事，勒石於太學，永代作則，以正其闕。從之。（大和）五年，李宗閔、牛僧孺輔政，宗閔以覃與李德裕相善，薄之，奏罷（覃翰林）侍講學士。文宗好經義，心頗思之，六年二月復召爲侍講學士。七年春，李德裕作相，五月以覃爲御史大夫。文宗嘗於延英謂宰相曰：殷侑通經學，頗似鄭覃。宗閔曰：覃、侑誠有經學，於議論不足聽覽。李德裕對曰：覃嘗嫉人朋黨，爲宗閔所薄故也。八年，德裕罷相，宗閔復知政，與李訓、鄭注同排斥李德裕、李紳，二人貶黜，覃亦左授秘書監。九年，楊虞卿、李宗閔得罪長流，復以覃爲刑部尚書，遷尚書左僕射。訓、注伏誅，以本官同平章事。覃雖精經義，不能為文，嬾進士浮華，開成初奏禮部貢院宜罷進士科。初紫宸對，上（文宗）語及選士。覃曰：南北朝多用文華，所以不治，士以才堪即用，何必文辭？」帝曰：進士及第人已曾為州縣官者，方鎮奏署即可之，餘即否。覃曰：此科率多輕薄，不必盡用。帝曰：輕薄敦厚色色有之，未必獨在進士，此科置已二百年，亦不可遽改。覃曰：~~近代陳後主隋煬帝皆能章句，不知王者大端~~亦不可過有崇樹。上嘗於延英論古今詩句工拙。覃曰：近代陳後主隋煬帝皆能於章句，不知王者大端，終有季年之失。章句小道，願陛下不取也。（開成）四年罷相。武宗即位，李德裕用事，欲援為宰相，固以足疾，不任朝謁辭。會昌二年致仕，卒。覃位至相國，所居僅庇風雨，家無媵妾，人皆仰其素風。女孫適崔皇甫，官纔九品衛佐，帝重其不昏權家。（此十八字新傳之文。）

寅恪案，趙郡李氏、滎陽鄭氏俱是[redacted]北朝數百年來顯著之士族，實可代表唐代士大夫中主要之一派者，而德裕及鄭覃父子又世為宰相，其社會歷史之背景既同，宜其結一黨，深惡進士之科也。文選為李氏所鄙視，石經由鄭覃所建刊，其學術趨嚮蓋有關家世之遺傳，不僅繫於個人偶然之[redacted]好惡。否則李文饒固唐一代[redacted]不屬於復古派之文雄，何以亦不喜文選之書？推究其[redacted]故，殆以熟精選理，乃求進士詞科之人即高宗武后以後新興階級之所致力，實與山東舊族以經術禮法為其家學門風者迥然殊異也。南北朝社會以婚宦二端判別人物流品之高下，唐代猶承其風習而不改，此治史者之所共知，故茲[redacted]更舉有關鄭覃之別一事，以補證新唐書所紀其不婚當世權門，而重舊日士族之一節，如下：

太平廣記壹捌肆氏族類莊恪太子妃條云：

文宗為莊恪太子選妃，朝臣家□子女者，悉被進名，士庶為之不安。帝知之，召宰臣曰：朕欲為太子婚娶，本求汝鄭門衣冠子女為新婦，聞在外朝臣皆不願共朕作情親，何也？朕是數百年衣冠，無何神堯打家何羅去。因罷其選。（原注：出盧氏雜說。寅恪案：唐語林肆企羨類亦引盧氏雜說此條，但作「無何神堯打朕家事羅訶去。」）

寅恪案：此條末「無何神堯打家何羅去」之句頗不易解，姑從闕疑。據舊唐書壹柒伍莊恪太子永傳，（新唐書捌貳莊恪太子永傳同。）魯王永以文宗大和六年十月冊為皇太子，開成三年十月薨。又據新唐書陸叁宰相表，（舊唐書壹柒下、新唐書捌文宗紀及兩唐書鄭覃傳俱同。）鄭覃以大和九年十一月至開成四年五月之時間任宰相之職，而自大和六年十月至開成三年十月即魯王永為太子期間外朝宰相中，覃之外別無鄭姓者。故知文宗

「汝鄭門」之語，實專對鄭覃而言者也。然則依鄭覃之意，李唐數百年天子之家尚不及山東舊門九品衛佐之山崔氏，而唐代一般山東士族心目中社會價值高下之估計，亦由此可想見也。

重檢排

故唐代皇室本出自宇文泰所創建之關隴胡漢集團，即朱元晦所謂「源流出於夷狄，故閨門失禮之事不以為異」者。上篇之首已引。因應與山東舊日士族之以禮法為門風者大有不同，及漢化程度極深之後，與山東舊日士族比較，自覺相形見拙，益動企羨攀援之念，然貴為天子，終不能競勝一山東舊族之九品衛佐，於此可見當日山東舊族之高自標置，并非無因也。若周隋代對於山東舊族本持壓抑之政策。

至李唐皇室與山東士族之關係亦有須略言者，如新唐書玖伍高儉傳（參考舊唐書陸伍高士廉傳、唐會要叁陸氏族門）、貞觀政要柒禮樂篇貞觀六年太宗謂房玄齡條

廿舊唐書柒捌　新唐書壹佰肆張行成傳　舊唐書捌貳　新唐書貳貳叁
姦臣傳上李義府傳　通鑑壹玖伍貞觀十二年正月條　太平廣記壹捌肆
氏族類七姓
[redacted]條等　四百二

初，太宗嘗以山東士人尚閥閱，後雖衰，子孫猶負世望。由是詔士廉責天下譜諜，參考史傳，檢正真偽，合二百九十三姓千六百五十一家，次為九等，號曰：[redacted]氏族志，而崔幹仍居第一。帝曰：我於崔、盧、李、鄭無嫌，顧其世衰，猶恃舊地，不解人間何為[redacted]貴之？朕以今日冠冕為等級高下，遂以崔幹為第三姓（姓，舊傳作等），班其書天下。高宗時許敬宗以不敘武后世，李義府恥其家無名，更升定之，裁廣義類，帝自敘所以然，各以品位敘之，[redacted]凡九等，改為姓氏錄。當時軍功入五品者皆升譜限，縉紳恥焉，目為「勳格」，義府奏：悉索氏族志燒之。先是魏

一四二

太和中定四海望族，以（李）竇為冠，其後務尚門地，故氏族志一切降之。王妃主壻皆取當世勳貴名臣家，未嘗尚山東舊族。寅恪案：此唐初情款，[redacted] 後來則不如是也。後房玄齡、魏徵、李勣復與婚，故世望不減。

又太平廣記（劉餗）壹捌肆氏族類引國史補云：

李積門戶第一，而有清名，常以為爵位不如族望。與人書札，唯稱隴西李積。

又通鑑貳肆捌大中二年十二月萬壽公主適鄭顥條云：

顥弟顗嘗得危疾，上（宣宗）遣使視之，還，[redacted] 問公主何在，曰：在慈恩寺觀戲場。上怒歎曰：我怪士大夫家不欲與我家為婚，良有以也。亟命召公主入宮，立之階下，不之視。公主懼，涕泣謝罪。上責之曰：豈有小郎病，不往省視，乃觀戲乎？遣歸鄭氏。由是終上之世，貴風習兢兢守礼法，如山東衣冠之族。

附敏中傳

又東觀奏記上（參唐語林柒補遺萬壽公主[redacted]）略云：

萬壽公主上（宣宗）之女（宣宗之女條新唐書壹叁玖白居易傳附敏中傳），將嫁，命擇良壻。鄭顥相門子，（宣宗時宰相。顥祖絪憲宗朝宰相。）首科及第，聲名藉甚，待婚盧氏。宰臣白敏中奏選尚，顥深銜之。大中五年敏中免相，為邠寧行營都統，將行有日，奏曰：顥不樂國姻，銜臣入骨。臣在中書，顥無如臣何，一去玉階，必媒孽臣短，死無種矣。

前言山東士族之所以興起，[redacted]（實）用儒素德業以自[redacted]（矜異），而不[redacted]因官祿高厚見重於人。故[redacted]貞觀[redacted]（天子）欽定氏族志，可以降抑（[redacted]於唐代，歷時頗久，其家門禮法尚有未盡衰替者）博陵崔氏第二房崔民幹（後之崔幹，見新唐書柒貳下宰相世系表崔氏條）為第三等，而不能抹示（同成宰相之寶），以女孫之適九品衛佐之崔皋，（皋之家世未[redacted]暇詳考，）然其為七姓之一，則無疑也。而不願其為皇太子妃。至大中朝

提行頂格

藉皇室之勢，尊曾盧氏，其後君臣亦以此為深恨，又何足怪哉！帝王之[redacted]大權不及社會之潛力，若此類事，是其一例，然非求之數百年[redacted]往史背景，不易解釋也。

既明乎此，則李（德裕）黨派分野界畫之所在始可得而言。[redacted]

唐語林叁識鑒類（參校南部新書丁。）云：

陳夷行、鄭覃[redacted]請經術孤[redacted]立者進用，（李）珏與（楊）嗣復論地由（月）詞采者居先。每延英議政[redacted]（多異）[redacted]同，辛無成（發），低寄之類，古而已。

蓋陳鄭為李（德裕）黨，李（珏）楊為牛黨。經術乃魏晉北朝以來山東士族傳統之舊（家）學，詞采則（即[redacted]詞章）高宗武后之後崛[redacted]興階[redacted]級射策決科[redacted]之新[redacted]具也。至孤單地由月之分別乃因唐代自進士科新興階級成立後，其政治社會之地位逐漸擴大，則致舊日山東士族如崔[redacted]之家，轉成孤寒之族。若李鄭楊之流，雖號稱山東兩西之士族，[redacted]習遺風淪替殆盡，究其實質，亦[redacted]同屬高宗武后以後由進士詞科進用之新興階級。迨其拔起寒微之後，利用[redacted]科舉[redacted]座主門生同門[redacted]等關係，勾

於陵

結朋黨，互相援引，如楊於陵嗣復父子、楊虞卿汝士等一門父子兄弟，俱以進士起家，致位通顯，轉成世家名族，遂不得不崇尚地胄，以增固其門閥，及黨

此四行小注移上頁

參考舊唐書壹陸肆、新唐書壹陸叁楊於陵傳，舊唐書壹柒陸、新唐書壹柒肆楊嗣復傳，舊唐書壹柒陸、新唐書壹柒伍楊虞卿傳及南部新書己大和中人指楊虞卿等

而拔引孤寒之美德高名翻讓與繼世宰執山東舊姓之李德裕矣。見摭言柒好放孤寒門李太尉德

斯亦數百年之一大世變也。請略

參閱考異・曉門路條及唐語林柒
補遺[redacted]李衛公頗升寒素條。

徵舊籍詳證之於下：

唐摭言叁慈恩寺題名遊賞賦詠雜記條略云：

進士題名自神龍之後，過關宴後，皆自集會於慈恩塔下題名。會昌三年贊皇公（李德裕）為上相。其年十二月中書覆奏：奉宣旨，不欲令及第進士呼有司為座主，趨附其門，兼題名局席等條疏進來者。伏以國家設文學之科，求貞正之士，所宜行敦風俗，義本君親，然後申於朝廷，必為國器，豈可懷賞拔之私惠，忘教化之根源，自謂門生，遂成膠固，所以時風寖薄，臣節何施，樹黨背公，靡不由此。臣等商量今日已後，進士及第，任一度參見有司，向後不得聚集參謁及[redacted]於有司宅置宴，其曲江大會朝官及題名局席並望勒停！奉勅宜依！於是向之題名盡削去。蓋贊皇公不由科第，故設法以排之，洎公失意，悉復舊態。

玉泉子云：

李相德裕抑退浮薄，獎拔孤寒，於時朝貴朋黨，德裕破之，由是結怨，而絕於附會，門無賓客。

舊唐書壹捌下宣宗紀大中三年九月貶李德裕為崖州司戶制云：

誣貞良造朋黨之名。

據此，李德裕所謂朋黨，即指新興階級藉進士科舉制度座主門生同門等關係締結之牛黨也。或疑通鑑貳叁捌元和七年春正月辛未條載京兆尹元義方為鄜坊觀察使事略云：

義方入謝，因言李絳私其同年許季同，除京兆少尹，出臣鄜坊。明日上（憲宗）以詰絳曰：人於同年固有情乎？」對曰：「同年乃九州四海之人，偶同科第，或登科然後相識，情於何有？」

則似[redacted]科舉制度與結黨無關者。但若詳考之，知通鑑此條采自李相國論事集，此書專詆李吉甫，固出牛黨之手。其言同年無情，乃牛黨強自辯護之詞，殊非實狀也。夫唐代科舉制下，座主門生同[redacted]門關係之密切，原為顯著之事，可不詳論，茲僅舉三數例於下，亦足以證明也。

舊唐書壹柒柒路保衛傳（新唐書壹捌肆路巖傳附保衛傳同。）云：

保衛恃恩權，素所不悅者，必加排斥。王鐸貢舉之師，蕭遘同門生，以素薄其為人，皆擯斥之。

實指案，史所書保衛之惡乃一破例，正可反證座主門生[redacted]以及[redacted]同年之間互相[redacted]勾結援引之常態也。

白氏長慶集壹陸重題（草堂東壁）七律四首之四云：

宦途自此心長別。世事從今口不言。豈止形骸同土木，兼將壽夭任乾坤。胸中壯氣猶須遣，身外浮榮何足論。還有一條遺恨事，高家門館未酬恩。

寅恪案，白香山此詩自言已外形骸，了生死，而猶惓惓於座主高郢之深恩未報，此為門生對座主關係之一例證也。

唐語林肆賢媛類（出南部新書己）云：

唐崔群為相，清名甚重。元和中，自中書舍人知貢舉。夫人李氏因暇日嘗勸其樹莊田，以為子孫之計。笑答曰：余有三十所美莊良田遍天下，夫人何憂？夫人曰：不聞君有此業。群曰：吾前歲放春榜三十人，豈非良田耶？夫人曰：若然者，君非陸贄相門生乎？然往年君掌文柄，使人約其子簡禮，不令就試，如君以為良田，則陸氏一莊荒矣。群慚而退，累日不食。

寅恪案，座主以門生為莊田，則其施恩望報之意顯然可知，此座主對於門生關係密切之一例證也。

舊唐書一百七十六楊嗣復傳（新唐書一百七十四楊嗣復傳不載同門為結黨之由，不及舊傳得其實云云。[redacted]又舊唐書一百七十六[redacted]李宗閔傳可供參證。）

嗣復與牛僧孺李宗閔皆權德輿貢舉門生，情誼相得，取舍進退，多與之同。

寅恪案，史明言牛黨鉅子以同門之故，遂結為死黨，此科舉同門生關係密切之一例證也。

復次，唐代貢舉名目紛繁，大要可[redacted]分為進士及明經二科。進士主文詞，高宗武后以後之新學也。明經專經術，魏晉北朝以來之舊學也，其習尚之殊，實由門族之異。故觀唐代自高宗武后以後，[redacted]朝廷[redacted]及[redacted]民間之重進士而輕明經，即知代表此二科之不同社會階級在此二三百年間升沈轉變之概[redacted]狀矣。其記載略錄如下：

括劇　〔劇〕

〇〇小注　祖當作父

康騈劇談錄●補遺（參唐語林陸）略云：

[redacted]（元和中）李賀善（為歌篇）韓愈（深）所知，重於縉紳（間每為延譽，由此聲華籍甚。）時元[redacted]稹（年少）以明經擢第，[redacted]

[redacted]。亦攻篇什，常交結於[redacted]賀。一日[redacted]（執贄造門，）賀覽刺（不容遽入，僕者謂）明經及第，何

事來看李賀？[redacted]（慚恨而退）[redacted]制策登科，及為禮部郎中，因

議賀祖禰諱晉，不合應進士舉，[redacted]（賀亦以輕薄為時輩所排，遂致轗軻。）

韓愈惜其才，為著諱辯，竟不[redacted]成名。

寅恪案：[redacted]（不待論）（但）[redacted]此劇談錄（事）其不可信[redacted]自[redacted]當

日社會之重進士而輕明經，故敢通性之真實，言之，仍為[redacted]可

[redacted]之社會史料也。

[redacted]

東觀奏記上（參考新唐書壹捌貳李珏傳）（唐語林叁識鑒類）略云：

李珏，趙郡贊皇人。早孤。居譙陰。[redacted]舉明經。李絳為華州刺史，見謂之曰：日角珠庭，非常人也。當擢進士科，明經碌碌，非子發跡之路。一舉不第，應進士，許孟容為宗伯，擢居進士。

唐摭言壹散序進士門云：

其艱難謂之三十老明經，五十少進士。

據上引諸條，進士明經二科在唐代社會價值之高下，可以推見也。

唐語林肆企羨類略云：

薛元超謂所親曰：吾不才，富貴過人，平生有三恨，始不以進士擢第。

寅恪案，上篇引通典壹伍選舉典叁所載沈既濟之言，謂進士科之見尊重始於高宗武后時，薛元超為高宗朝晚年宰相，是與沈氏之言適合也。

舊唐書壹捌下宣宗紀大中元年二月丁酉，禮部侍郎魏扶奏臣今年所放進士三十三人條略云：

帝（宣宗）雖好儒士，留心貢舉。有時微行人間，採聽輿論，以觀選士之得失。又勅：自今進士放牓[redacted]後，杏園任依舊宴集，有司不得禁制！

新唐書肆肆選舉志（唐摭言叁慈恩寺題名遊賞賦詠雜志條同。又新志此條前已徵引，茲為解釋便利故，仍錄數語於此。）略云：

武宗即位，李德裕為宰相，尤惡進士。至是德裕奏：國家設科取士，而附黨背公，自為門生。自今一見有司而止，其期集參謁曲江題名皆罷。

寅恪案，宣宗朝政事事與武宗朝相反，進士科之好惡崇抑乃其一端，而此點亦即牛李黨人進退用舍之表斷也。請更取證於下列史料：

唐語林肆企羨類（[redacted]參說郛叢卷引盧氏雜說）云：

宣宗愛羨進士，每對朝臣，問登[redacted]第否？有以科名對者，有喜，[redacted]便問所賦詩賦題並主司姓名。或有人物優而不中第者，必歎息久之。當於禁中題「鄉貢進士李道龍」。（劉指宋，可參考[redacted]同書同卷同類宣宗好儒條云：「殿柱自題曰：鄉貢進士李某。」）

又同書同卷同類（參說郛叢盧氏雜記上）云：

宣宗尚文學，尤重科名，大中十年鄭顥知舉，宣宗索登科記。勅翰林自今放榜後，仰寫及第人姓名及所試詩賦題目進入，仰所司逐年編次。

[redacted]夫大中一朝為純粹牛黨當政，李黨在野之時期，宣宗之愛羨進士科至於此極，[redacted]非偶然也。

又張爾田先生玉溪生年譜會箋卷三大中二年下引沈曾植先生之言曰：

唐時牛李兩黨以科第而分。牛黨重科舉，李黨重門第。

寅恪案，乙盦先生近世通儒，宜有此卓識，其所謂「牛黨重科舉」者，自指進士科而言也。或疑問曰，牛黨中以進士科出身者，如李珏，則出趙郡李氏（見前引東觀奏記上，並參唐語林叁識鑒類，舊唐書壹柒叁、新唐書壹捌貳李珏傳等），李宗閔則為唐宗室，而鄭王元懿之四世孫（見舊唐書壹柒陸、新唐書壹柒陸李宗閔傳及新唐書柒拾下宗室世系表小鄭王房等），令狐楚則又唐初名儒令狐德棻之後裔（見舊唐書壹柒貳、新唐書壹陸陸令狐楚傳等）。至牛黨魁首牛僧孺者，更是隋代達官兼名儒牛弘之八世孫，且承其賜田賜書之遺業者（見舊唐書壹柒貳、新唐書壹柒肆牛僧孺傳及唐文粹陸伍李珏撰牛僧孺神道碑、杜牧樊川集柒牛僧孺墓誌銘等）。然則牛黨之鉅子，俱是北朝以來之舊門及當代之宗室士，而李黨健者如陳夷行、李紳、李回、李讓夷之流，復皆以進士科擢第（見舊唐書壹柒叁、新唐書壹捌壹陳夷行傳，舊唐書壹柒叁、新唐書壹捌壹李紳傳，舊唐書壹柒叁、新唐書壹叁壹李回傳，舊唐書壹柒陸、新唐書壹捌壹李讓夷傳等）。是牛李黨派之分野在科舉與門第之說，毋乃不能成立耶？應之曰：牛李兩黨既產生於同一之時間，而地域又相雜錯，則互受影響，自不能免；但此為特例之少數，非原則之大體也，故互受影響一事，可不必論。所可論者約有三端：一曰：牛李兩黨之對立，其根本在魏晉北朝以來山東士族與唐高宗武則天以後由進士詞科進用之新興階級之不相容。至李唐皇室在開國初期以原屬關隴集團之故，雖於山東舊族頗多好感，及中葉以後山東舊族與新興階級生死競爭之際，其遠支之宗室，其政治社會之地位實已無大別於一般士族，故對於此兩新舊統治階級之斗爭轉

一五六

處於中立地位，既自可牛，此李宗閔之所以為牛黨，亦復可
李，此李回之所以為李黨也。二曰：凡山東舊族之挺身而出，與
新興階級奮鬥者，必其人之家族尚能保持舊日之特長，
即前所言門風家學之類者也。若雖號為舊門，而門風
廢替，家學衰落，則此破落戶與新興階級不獨無所
分別，且宜進而與之同化也。
茲舉數例，以為證明，而解惑疑焉。
舊唐書壹叁陸崔損傳（新唐書壹陸柒崔損傳同。）略云：
崔損，博陵人。高祖行功，已後名位卑替。損大
曆末進士擢第。戶部尚書裴延齡素與損善，
乃薦之於德宗，（貞元）十二年以（右諫議大夫）本官
同中書門下平章事。（損）身居宰相，母野殯，不言
展墓，不議遷祔，姊為尼，没於近寺，終喪不臨，士君

子西非之。

同書同卷盧邁傳（新唐書壹伍拾盧邁傳同。）略云：

盧邁字子玄，范陽人。少以孝友謹厚稱，深為叔舅崔祐甫所親重。兩經及第。（盧邁）遷尚書右丞。（貞元）九年以本官同中書門下平章事。（盧邁）友愛恭儉，從父弟述為劍南西川判官，卒於成都，歸葬於洛陽，路由京師，（盧）邁奏請至城東哭於其柩，許之。近代宰相多自以崇重，五服之親或不過從弔臨，而（盧）邁獨振薄俗，請臨弟喪，士君子是之。

同書壹捌捌孝友傳崔沔傳（新唐書壹貳玖崔沔傳同。參閱魯公文集壹肆博陵崔孝公宅陋室銘記）略云：

崔沔，京兆長安人，自博陵徙關中，世為著姓。沔淳謹，口無二言，事親至孝，博學有文詞，母卒，哀毀逾禮。沔善禮經，朝廷每有疑義，皆取決焉。

同書壹壹玖崔祐甫傳（新唐書壹肆貳崔祐甫傳同。）略云：

崔祐甫父沔，黃門侍郎，諡曰孝公。家以清儉禮法為士流之則。安祿山陷洛陽，士庶奔迸，祐甫獨崎危於矢石之間，潛入私廟，負木主以竄。常哀當國非以詞賦登科者莫得進用。及祐甫代袞，薦進推擧，無復疑滯，日除數十人，作相未逾年，凡除吏八百，多稱允當。朱泚之亂，祐甫妻王氏陷賊中，泚以嘗與祐甫同列，雅重其為人，乃遺王氏繒帛菽粟，王氏受而緘封之，及德宗還京，具陳其狀以獻，士君子益重祐甫家法，宜其享令名也。

據此，知崔損雖與崔沔祐甫父子同屬博陵崔氏，而一為破落户之為禮法名家。盧邁既是祐甫之甥，[redacted]其門族[redacted]恭儉著稱，以愛文字為累[redacted]禮法門風之薰習無疑。[redacted]然則崔沔祐甫盧邁之流，乃真山東舊族之代表，可與新興階級對壘者也。又舊唐書壹壹玖常袞傳、新唐書壹伍拾常袞傳同云：

[redacted]袞天寶末舉進士，（作相）尤排擯非辭科登第者。

而祐甫代袞，用人不拘於[redacted]進士，豈其意旨與李德裕鄭覃所持之說[redacted]實有合歟？是則前日常楊之黨同即後來牛李之爭競，讀史者不可不明其一貫之聯繫也。三曰：凡牛黨或新興階級所自稱之門閥多不可信也。如杜牧樊川集柒牛僧孺墓誌銘[redacted]（參考舊唐書壹柒貳、新唐書壹柒肆牛僧孺傳及唐文粹伍陸李珏撰牛僧孺神道碑）云：

八代祖弘，以德行儒學相隋氏，封奇章郡公，贈文安侯。文安後四世諱鳳及，仕唐為中書門下侍郎，同平章事監修國史，於公為高祖。文之世後至世集州刺史贈給事中諱休克，於公為曾祖。集州生太常博士贈太尉紹。太尉生華州[redacted]鄭縣尉，贈太保，幼聞。太保生公，孤始七歲。長安南下杜樊鄉東文安有賜田隋氏數頃，書千卷尚存。

寅恪案，新唐書柒伍上宰相世系表牛氏條與牧之文微有出入。[redacted]牛弘仕隋至吏部尚書，[redacted]近來嘗一為宰相，殆以吏部尚書當天官冢宰之誤。又兩唐書但謂弘為僕射，[redacted]留此何謂[redacted]相隋[redacted]考史載弘卒後贈開府儀同三司光祿大夫，并未言贈僕射。見隋書肆玖北史柒貳牛弘傳。又李珏撰牛僧孺神道碑銘亦言賜田賜書事，但無牛弘相隋之語。通鑑貳肆柒元和三年夏四月條胡注則云：「牛弘相隋」，蓋承昔人之誤。可參考通典貳壹職官典叁宰相條，茲不詳論。然此[redacted]等寅無關宏旨，可不深論。獨家有牛[redacted]弘隋代賜田一事，似僧孺與弘之關係確

斷全可信，但一兩類似之[redacted]事[redacted]與僧孺同堂白居易敏中
家[redacted]所謂前代先祖賜田者考之，則又不能不使令致疑
於新興階級之多所依託也。
白氏長慶集貳玖襄州別駕府君事狀云：
初高祖贈司空有功於北齊，詔賜莊宅各一區，在
同州韓城縣，至今存焉。
此所謂有功於北齊之司空即白建也。據北齊書肆拾白建
傳（北史伍伍白建傳略同。）略云：
白建字彥舉。武平七年卒，贈司空。
[redacted]是白建卒於北齊未亡以前，其生存時期周齊東西並
互相爭競，建為齊朝主兵之大臣，[redacted]其賜所莊[redacted]宅何
得遠在同州韓城即仇讎敵國疆域之內耶？其為依
託不待辨說也。又新唐書柒伍下宰相世系表白氏
條[redacted]列白居易敏中之先世云：

白建字彥舉。後周弘農郡守、邵陵縣男。

此白建既字彥舉，與北齊主兵大臣之姓名及字俱無差異，是即白香山自承之祖先也。但其官則爲後周弘農郡守，與北齊贈司空之事絕不能相容，其間必有竄改附會，自無可疑。豈居易歟中之先世賜田本屬於一後周姓白名某之弘農郡守，而其人卻是香山兄弟真正之祖宗，故其所賜之莊宅能在後周境內，後來子孫遠徙，攀附異國之貴顯，遂致祖宗橫遭李代桃僵之厄耶？今雖無確證，一決此疑，然新興階級自謂前代賜田之不可盡信，則由是可以推見也。

復次，舊唐書壹柒貳令狐楚傳（新唐書壹陸陸令狐楚傳略同）云：

令狐楚自言國初十八學士德棻之後。

新唐書令狐楚傳雖刪去「自言」二字，然據其書法[redacted]下宰相世系表令狐氏條，豈實非出自德棻耶。然則觀傳「自言」之語固不應刪也。夫楚綯父子繼世宰相，故尤為牛黨之鉅子，而其家世譜牒之有所依託，亦與牛僧孺白敏中相同，」是牛黨或新興階級所自[redacted]稱之門閥為不足信賴，觀此可知也。

關於牛李黨派之分畫以進士及舊門為標識一點更有須注意者，即[redacted]李栖筠在天寶末年尚以仕進無他途，不得不舉進士。（見前引李德裕語）則貞元以後宰相多以翰林學士為之，而翰林學士號拔自進士詞科之英俊。[redacted]其時之山東舊族[redacted]苟欲致身通顯，[redacted]尤應[redacted]舉進士，[redacted]自不[illegible]此山東舊族所以[redacted]多從進士出身，與新興階級同化，而新興階級復已累代貴[redacted]仕，轉成[redacted]「吾為末世序」之家[redacted]矣。如楊收一門可謂唐末五代間之世家也。但舊唐書壹柒柒楊收傳云：「楊收自言隋越公素之後。」（新唐書壹捌肆楊收傳[redacted]同）又傳論曰：「門非世胄，位以藝升。」可為例證。逮[redacted]唐末黃巢亂後，其餘朱全忠遂執統治之大權，凡藉進士詞科[redacted]仕進之士大夫[redacted]不計其為舊族抑新門，但目為「清流」，而使同罹白馬之禍，斯又中古政治社會之一大變也。（見舊唐書貳拾哀帝紀天祐二年三月癸巳敕文、壹壹叁裴遵慶傳附樞傳及新唐書壹肆拾[redacted]裴遵慶傳附樞傳等。）

又唐代之新興詞科進士階級異於山東禮法舊門者，尤在其放浪不羈之風習。故唐之進士科一與倡伎文學有密切關係，觀孫棨北里志可見。又如韓偓以忠節著聞，其平生[redacted]著述中香奩一集淫艷之詞，亦大抵應進士舉時所作。自其初（所謂「大盜入關」實指黃巢而言。震鈞作年譜乃誤屬之朱全忠，[redacted]多所附會，殊不可信也。以不在此範圍，故不詳辯。）然則進士之科第取固多浮薄之士，李德裕、鄭覃之論殊未可厚非，而數百年後之社會之北里[illegible]實与有關涉，抑又可知證矣。

如牛堂之才人杜牧，實以放浪[redacted]著稱。唐語林柒補遺所載杜牧少登第恃才喜色條（杜舍人牧恃才名頗縱聲色條）及其樊川集中遣懷七絕，「十年一覺揚州夢，贏得青樓薄倖名」之句等皆是其例證。[redacted]或疑其祖佑既爲宰相而兼通儒，是其人乃名家子弟，不可列之新興階級中。但一詳考其家世[redacted]風習，則知佑之父希望實以邊將進用，見新唐書壹陸陸杜佑傳、唐文粹陸捌權德輿撰杜佑墓誌銘。雖亦可號爲舊家，並非士大夫之勝流。舊唐書壹肆柒杜佑傳、新唐書壹陸陸杜佑傳同。云：

佑在淮南時，妻梁氏亡後，昇嬖妾李氏爲正室，封密國夫人。親族子弟言之，不從，時論非之。

案，權文公銘[redacted]佑葬（?）苟（?），而不載李氏者，[redacted]爲之諱[redacted]耶？

又同書壹貳肆李正己傳附師古傳（新唐書貳壹叁藩鎮淄青傳李正己傳附師古傳同）云：

（貞元）十五年正月，師古杜佑李欒妾媵並為國夫人。

又同書壹捌捌孝友傳李日知傳（新唐書壹壹陸李日知傳同）略云：

（日知）卒後，少子伊衡以妾為妻，家風替矣。

夫杜氏既號稱舊門，（見新唐書壹貳玖上宰相世系表杜氏條。）而君卿所為乃与胡族武人同科，在當時士論，至少亦有李伊衡以妾為妻，家風替矣之歎，若取較山東舊族仍保持其閨門礼法者，固區以別矣。然則牧之以進士擢第，浮華放浪，投身牛黨，蓋不獨其本人資性之[redacted]近似便黠，亦其家世風習與新興階級氣類相合所致，可與前述博陵崔慎事證論，蓋雖得稱舊門，仍不妨列之新興階級中也（見兩唐書杜佑傳附牧傳，唐語林補遺杜牧條。牧為人持才喜酒色，條附載牧子晦辭亦好色事，可並參證）。至李商隱之出自新興階級，本應始終屬於牛黨，方合當日社會階級[redacted]之道德。[redacted]乃忽結婚李黨之王氏，以圖仕進。不僅牛黨[redacted]目以放利背恩，[redacted]而其輕薄無操，當亦為以山東礼法舊门為骨幹之李黨所不取[redacted]。斯義山所以雖負絕代之才，亦終出入牛李之黨，而終於錦瑟華年惆悵然覺者縱，此五十載詞人之[redacted]淒涼身世固極可哀，而[redacted]數百年社會之壓迫[redacted]情形尤為可畏[redacted]也。（參考舊唐書壹玖拾下文苑傳下李商隱傳、新唐書貳佰叁文藝傳下李商隱傳。）若柳仲郢處牛李二黨之間則與義山不同。舊唐書壹陸

伍　柳公綽傳附仲郢傳

新唐書壹陸叁柳公綽傳附仲郢傳同。略云：

(公綽子)仲郢元和十三年進士擢第。牛僧孺鎮江夏，辟為從事。仲郢有父風，動修禮法，僧孺歎曰：非積習名教，安能及此。後(李)德裕奏為京兆尹，謝日言曰：下官不期太尉恩獎及此，仰報厚德，敢不如奇章門館。德裕不以為嫌。仲郢嚴禮法，重氣義。嘗感李德裕之知，大中朝李氏無祿仕者。仲郢領鹽鐵，取德裕[redacted]子從質為推官，知蘇州院事，令以祿利贍南宅。令狐綯為宰相，頗不悅。仲郢與綯書自明，綯深感歎，尋與從質正員官。仲郢以禮法自持，私居未嘗不拱手，內齋未嘗不束帶，三為大鎮，廐無名馬，衣不熏香，退公布卷，不捨晝夜。

子玭嘗著書誡其子弟。初公綽理家甚嚴，子弟克禀誡訓，公綽、仲郢、玭家法者世稱柳氏云。

考柳氏本非山東舊門七姓之[redacted]，父子所出亦非柳氏顯著之房望。（見新舊唐書宰相世系表柳氏條。）但家風整修，行誼敦篤，雖[redacted]以進士詞科（公綽舉賢良方正[redacted]直言極諫科）仕進，受牛僧孺之獎遇，可稱牛黨，然終用家門及本身之儒素德業見融於李德裕，故能置身於牛李恩怨之外，致位通顯，[redacted]彰李商隱之見棄於兩黨，進退維谷者，誠相懸[redacted]遠矣。君子讀史見到義山與其東川府主升沉榮悴之所由，深有感於士之處世，外來之環境縱極紛歧，[redacted]，而內行之修謹蓋不可或[redacted]闕也。

牛李黨派之社會背景及其分野界畫既略闡明，其朝政競爭勝敗之史實始易於解釋。前[redacted]紀唐代中央政變皇位繼承不固定之事，迄至德順之間而止，茲請續述順憲間永貞内禪隱秘之内容。但因永貞内禪爲内廷閹寺與外朝士大夫黨派鈎結之一[redacted]顯著事例，而牛李黨派實又起於憲宗元和時之政[redacted]，此後即取朝[redacted]内外之黨派[redacted]與皇位繼承二事合併[redacted]不僅爲[redacted]記述之便利，亦[redacted]此二事原有其内在之關聯性，不能分隔[redacted]敘論也。

關於永貞内禪之隱秘，寅恪已於順宗實錄與續玄怪錄一文專論之。(載北京大學四十週年紀念論文甲編)茲略避免繁冗，[redacted]於順宗實錄則僅錄其條目，而略其原文，[redacted]更別節寫其他舊籍之關於此事者於[redacted]書之後，以供參證焉。

韓愈順宗實錄壹之

(王)伾以(王)叔文意言入於宦者李忠言，稱詔行下條。

同書卷二之叔文欲帶翰林學士，官者俱文珍等惡其專權，削去翰林之職條。

同書肆之天下事皆專斷於叔文，而王伾李忠言為之内主，（韋）執誼執行於外，而中官劉光琦俱文珍薛盈珍尚解玉等皆先朝任使舊人，同心猜怨條。

同書伍之叔文入至翰林，伾入至柿林院，見李忠言牛昭容等[redacted]條。

新唐書貳佰柒宦者傳上劉貞亮即俱文珍傳（舊唐書壹捌肆宦官傳俱文珍傳略同。）略云：

貞元朝宦人領兵，附[redacted]順者益衆。會順宗立，淹痼弗能朝，惟（宦者）李忠言牛美人侍。美人以帝

旨付忠言，忠言付王叔文，叔文与柳宗元等裁定。然
未得縱欲，[redacted]遂奪神策軍以自強，即用范希朝為
京西禁軍都將，收宦者權。而忠言素懦謹，每見
叔文，与論事，無敢異同，唯貞亮乃与之爭。又惡朋
黨熾結，因与中人劉光琦、薛文珍、尚衍、解玉[redacted]如
全等同勸[redacted]帝立廣陵王為太子監國，帝納其奏。元
和八年卒，[redacted]憲宗思其翊戴之功，贈開府儀同
三司。此[redacted]在字 舊[redacted]傳青

舊唐書壹伍玖路隋傳 新唐書壹肆貳路隋傳同。略云：

初韓愈撰順宗實錄，說禁中事頗切直，内
官惡之，往往於上前言其不實，累朝有詔修
改。及隋進憲宗實錄，文宗復令改正永貞時
事。隨奏曰：伏望條示舊記最錯誤者，宣付

史館，委之修定。詔曰：其實錄中所書德宗順宗事宜令史官詳正刊去，其他不要更修。

寅恪案，憲宗之皇位繼承權本不固定，其得立爲帝，實由俱文珍等之力，而文珍又與李忠言異趣，故內廷之文珍等競勝，則（王伾王叔文固不待論，而）外廷之士大夫韋執誼劉禹錫柳宗元等亦終不免退敗矣。韓退之本與俱文珍有連，見昌黎外集卷三送俱文珍序及白氏長慶集肆壹論太原事狀三件之二及王鳴盛蛾術編伍柒。其述永貞內禪事，頗袒文珍等，其公允之程度雖有可議，而其紀內廷宦官之非，蓋屬一黨之壓迫順宗擁立憲宗之陰秘轉可信賴。推其如此，後來閹寺深不欲使人知之，所以屢圖毀滅此次禁中之政變史料也。劉夢得外集玖子劉子自傳述永貞內禪事云：

時太上（順宗）久寢疾，宰臣用事者都不得召對，而宮掖事秘，建桓立順，功歸貴臣。

夫夢得在當時政治上與退之適處於反對地位者，觀昌黎集叁永貞行及憶昨行[redacted]例文未摘崖州熾。[redacted]

雖得赦宥恒愁猜之句[redacted]可證，而所言禁中事亦與退之相同。其詳不能於此言之也。

然則韓劉之述作皆當時俱文珍一黨把持宮禁，挾迫病君擁立皇子之實錄，而永貞內禪乃唐代皇位繼承之不固定及內廷閹寺黨派影響於外廷士大夫之一顯著事例也。

[redacted]論政

牛李黨派之爭[redacted]起於憲宗之世。憲宗為唐室中興之主，其宗旨在矯正貞元[redacted]時代苟安姑息之習，即用武力削平藩鎮，重振中央政府之威望。[redacted]

用[redacted]當時主張用兵之士大夫大抵屬於[redacted]李黨，反對用兵之士大夫[redacted]則多為牛黨，而[redacted]主持用兵之內廷閹寺一派[redacted]又與外廷之李黨互有呼應，自不待言。是以[redacted]元和[redacted]一朝此主用兵派之閹寺始終柄權，用兵之政策因得以維

擡行頂格

以上二行單行小注

持不改。及內廷閹寺黨派競爭既烈，憲宗為別一派之閹寺所弒，[redacted]擁立[redacted]穆宗，於是「銷兵」之議行，而朝局大變矣。（後來牛李二人[redacted]維州之異同，亦與此點有關，不僅由於牛僧孺之嫉功也。參考舊唐書壹柒貳牛僧孺傳及唐文粹陸捌杜牧撰牛僧孺墓誌銘、新唐書壹柒肆牛僧孺傳、通鑑貳肆柒會昌三年條及胡注。）

舊唐書壹捌肆宦官傳吐突承璀傳（新唐書貳佰柒宦官傳吐突承璀傳）略云：

吐突承璀幼以黃門直東宮，憲宗即位，授內常侍知省事，俄授左軍中尉。（元和）四年王承宗叛，詔以承璀為河中等道赴鎮州行營兵馬招討等使。諫官御史上疏相屬，皆言自古無中貴人為兵馬統帥者，憲宗不獲已，改為充鎮州已東招撫處置等使。出師經年無功，承璀班師，仍為禁軍中尉，段平仲抗疏極論承璀輕謀弊賦，請斬之，以謝天下，憲宗不獲已，降為軍器使。俄復左衛上將軍，知內侍省事。[redacted]出為淮南節度監軍使，上待承璀之

56

意未已，而宰相李絳在翰林時數論承璀之過，故出之，八年欲召承璀還，乃罷絳相位，承璀復還為神策中尉。惠昭太子薨，承璀建議請立澧王寬為太子，憲宗不納，立遂王宥，穆宗即位，銜承璀不已，誅之。

同書壹陸肆李絳傳（新唐書壹伍貳李絳傳多采李相國論事集，可參讀。）云：

吐突承璀恩寵莫二，是歲（元和六年）將用絳為宰相，前一日出承璀為淮南監軍，翌日降制以絳為中書侍郎、同中書門下平章事。同列李吉甫便僻，善逢迎上意，絳梗直多所規諫，故與吉甫不協，時議者以吉甫通於承璀，故絳尤惡之。

同書壹肆捌李吉甫傳（新唐書壹肆陸李栖筠傳附吉甫傳同。）云：

劉闢反，帝（憲宗）命誅討之，計未決，吉甫密贊其謀，請廣徵江淮之師由三峽路入，以分蜀寇之勢，事皆允從，由是甚見親信。淮西節度使吳少陽卒，其子元濟請襲父位，吉甫以淮西內地，不同河朔，且四境無黨援，國家常宿數十萬兵，以為守禦，宜因時而取之，頗叶上旨，始為經度淮西之謀。

寅恪案，憲宗與吐突承璀之關係，史傳所載，可謂密切矣。故元和朝用兵之政策，為在內廷之神策中尉吐突承璀所主持，而在外朝贊成用兵之宰相李吉甫，其與承璀有連，殊不足異也。至舊唐書壹叁柒呂渭傳附溫傳（新唐書壹陸拾呂渭傳附溫傳同）云：

（元和）三年吉甫為中官所惡，將出鎮揚州，溫欲乘其有間傾之。

其所謂中官疑是宦官中之別一黨，與吐突承璀處於反對地位者也。

舊唐書壹陸柒李逢吉傳（新唐書壹柒肆李逢吉傳同，並參舊唐書壹柒貳、新唐書壹陸陸令狐楚傳）云：

時用兵討淮蔡，憲宗以兵機委裴度，逢吉慮其成功，密沮之，繇是相惡。及度親征，學士令狐楚為度制辭，言不合旨，楚與逢吉相善，帝皆黜之，罷楚學士，罷逢吉政事。

同書壹柒拾裴度傳（新唐書壹柒叁裴度傳同，並參舊唐書壹柒貳、新唐書壹佰壹蕭俛傳，舊唐書壹陸捌、新唐書壹柒柒錢徽傳）云：

先是詔羣臣各獻誅吳元濟可否之狀，朝臣多言罷兵赦罪為便，翰林學士錢徽、蕭俛語尤切，唯度言賊不可赦。

寅恪案，元和廷議用兵之時，雖憲宗總持於上，吐突承璀之流主張於內，而外廷士大夫關於此問題[redacted]持論雖有異同，然其初未必盡（出自山東舊門）有階級門第存乎其間也。不意与吐突承璀[redacted]交結，同主用兵之外廷宰相李吉甫其個人適為新興階級之急進者牛僧孺等所痛詆，[redacted]竟釀成互相報復之[redacted]行動。夫兩[redacted]派既不並立，自然各就其氣類所近，邀求同黨，以增勢力，於是歷年以來兩種不同階級爭取統治地位之競爭，遂因此表面形式化矣。及其後鬥爭之程度隨時間之久長逐漸增劇，[redacted]當日士大夫縱欲置身於局外之中立，亦幾不可能，如牛黨[redacted]白居易之以消極被容，柳仲郢之以[redacted]行誼見諒，可謂例外，其餘之人若[redacted]無固定顯明表示，如出入牛李，未能始終屬於一黨之李商隱，[redacted]則卒為兩黨所共棄，而仕宦不進，坎壈終身」，（舊唐書壹玖拾下文苑傳李商隱傳語。）[redacted]此點為研究唐代中晚之際士大夫身世最要關鍵，甚不可忽略者也。

舊唐書壹柒陸李宗閔傳（新唐書壹柒肆李宗閔傳同，並參考新唐書壹柒肆牛僧孺傳）

舊唐書壹肆捌新唐書壹陸玖裴垍傳 舊唐書壹伍捌新唐書壹陸玖韋貫之傳 舊唐書壹陸肆新唐書壹陸叁楊於陵傳 舊唐書壹陸玖新唐書壹柒玖王涯傳 舊唐書壹肆憲宗紀下 元和三年夏四月條 通鑑貳叁柒元和三年夏四月條等。 云云

李宗閔宗室鄭王元懿之後。貞元二十一年進士擢第。元和四年（寅恪案：四年當作三年）復登制舉賢良方正科。初宗閔與牛僧孺同年登進士第，又與僧孺同年登制科。（寅恪案：此數語新傳不載，蓋纂主簡擇之故，殊不知牛李黨之締結与同年登有關係也。其失与楊嗣復傳同[redacted]）應制之歲，李吉甫為宰相當國，宗閔、僧孺對策，指切時政之失，言甚鯁直，無所迴避，考策官楊於陵、韋貫之、李益等又第其策為中等，又為不中第者注解牛、李策語，同為唱誹，又言翰林學士王涯甥皇甫湜中選，考覈之際不先上言。裴垍時為學士，居中覆視，無所異同，吉甫泣訴於上前，憲宗不獲已，罷王涯、裴

珣學士，珣守戶部侍郎，涯守都官員外郎，吏部尚書楊於陵出為嶺南節度使，吏部員外郎韋貫之出為果州刺史，王涯再貶虢州司馬，貫之再貶巴州刺史，僧孺、宗閔亦久之不得調，隨牒諸侯府，七年，吉甫卒，方入朝為監察御史。

舊唐書壹柒壹張仲方傳、新唐書壹貳陸張九齡傳附仲方傳同，並參考白氏長慶集陸壹張仲方墓誌銘略云：

張仲方韶州始興人。伯祖始興文獻公九齡開元朝名相。仲方貞元中進士擢第，宏辭登科，歷侍御史、倉部員外郎。會呂溫羊士諤誣告宰相李吉甫陰事，二人俱貶，仲方坐呂溫貢舉門生，出為金州刺史，寅恪案，此亦座主門生關係密切之一例證。吉甫卒，入為度支郎中。時太常定吉甫謚為恭懿，博士尉遲汾請為敬憲，仲方駁議曰：兵者凶器，不可從我始，師徒暴野，戎馬生郊，僵尸流血，皆駱成岳，酷毒之痛，號訴無辜，勦絕羣生，迨今四載，禍胎之兆，實始其謀，請俟蔡寇將平，天下無事，然後都堂聚議，謚亦未遲。憲宗方用兵，惡仲方深言其事，怒甚，貶為遂州司馬。

同書蕭俛傳 卷壹柒貳

新唐書卷壹佰壹蕭瑀傳附俛傳同，略云：

蕭俛曾祖太師徐國公嵩，開元中宰相。[redacted]俛貞元七年進士擢第，元和六年召充翰林學士，九年改加駕部郎中、知[redacted]制誥如故。坐與張仲方善，仲方駁李吉甫謚議，言用兵徵發之弊由吉甫而生，憲宗怒，貶仲方，俛亦罷學士，守太常卿。

同書卷壹柒貳蕭遘傳

新唐書卷壹佰壹蕭瑀傳附蕭遘傳同，略云：

蕭遘，蘭陵人，開元中宰相太師徐國公嵩之四代孫。

[redacted]

宣宗朝，四字誤 遘以咸通五年

登進士第，志操不群，自比李德裕，同年皆戲呼「太尉」。

宣揚案，新興階級壹黨派之構成進士詞科之同門乃一重要之[redacted]點，前於[redacted]李絳楊嗣復事已論之。至李吉甫為人固有可議之處，鄭覃李訓[redacted]作太甚也，吉甫復報過酷，此所以釀成士大夫黨派競爭數十年不止也。張仲方乃九齡之姪孫，九齡本武后拔擢之進士[redacted]科舉新興階級。據大唐新語柒識量篇。參舊唐書壹佰陸李林甫傳新唐書壹貳陸張九齡傳通鑑貳壹肆開元二十四年冬十月條。

云云。

牛仙客為涼州都督，節財省費，軍儲所積萬計，玄宗大悅，將拜為尚書，張九齡諫曰，不可。玄宗怒曰：卿以仙客寒士嫌之耶？若是，如卿豈有門[redacted]籍？九齡頓首曰，臣荒陬賤類，陛下過聽，以文學用臣。

仙客起自胥吏，目不知書，韓信淮陰一壯夫耳，羞與絳灌同列，陛下必用仙客，臣亦恥之。

可知始興張氏實是以文學進用之寒族，九齡與張說密切結合，[redacted]由其氣類本同也。故其姪孫亦與山東舊門李吉甫氣類絕不相近，自易成為反對之黨。若蕭氏本為後梁蕭詧之裔，加入關隴集團，與李唐皇室對於新舊兩階級之爭處於中立地位者相同，故蕭俛由進士出身為牛氏之黨，而蕭遘雖進士擢第，復慕李文饒之為人，取以自況也。

元和朝雖號稱中興，然外廷士大夫牛李之黨既起，內廷之閹寺之黨派競爭亦劇，遂至牽涉皇位繼承問題，而憲宗因以被弒矣。

舊唐書壹柒伍澧王惲傳（新唐書捌貳澧王惲傳同。）云：

澧王惲憲宗第二子也，本名寬。時吐突承璀恩寵特異，惠昭太子薨，議立儲貳，承璀獨排眾議，屬澧王，欲以威權自樹，賴憲宗明斷不惑。及憲宗晏駕，承璀賜死，王亦薨於其夕。

同書壹陸伍崔羣傳（新唐書壹陸伍崔羣傳同）云：

元和七年，惠昭太子薨，穆宗時為遂王，憲宗以澧王居長，且多內助，將建儲貳，命羣與澧王作讓表。羣上言曰：大凡已合當之，則有陳讓之儀。己不合當，何虛有讓表？今遂王嫡長，所宜正位青宮。竟從其奏。

同書壹捌肆宦官傳吐突承璀傳（新唐書貳佰柒宦者傳上吐突承璀傳同。）

惠昭太子薨，承璀建議請立澧王寬為太子，憲宗不納，立遂王宥。穆宗即位，銜承璀不佑己，誅之。

（前文已引，茲為閱覽之便利，特重錄之。）

同書同卷王守澄傳（新唐書貳佰捌宦者傳下王守澄傳同，並參考舊唐書壹肆[redacted]新唐書柒憲宗紀及贊）

舊書壹伍玖、新唐書壹肆貳、貳零柒宦者傳中不諱內惡之語云：

憲宗疾大漸，內官陳弘慶等弒逆。憲宗英武，威德在人，內官秘之，不敢討除，但云藥發暴崩。時守澄與中尉馬進潭、梁守謙、劉承偕、韋元素等定冊立穆宗。

新唐書捌宣宗紀云：

大中十二年二月廢穆宗忌日，停光陵（穆宗）朝拜及守陵宮人。

[redacted]同書貳肆玖大中十二年二月甲子條[illegible]紀此事，胡注云：

以陳弘志弒逆之罪歸穆宗也。

裴廷裕東觀奏記上云：

憲宗皇帝晏駕之夕，上（宣宗）雖幼，頗記其事，追恨光陵商臣之酷，即位後，誅鉏惡黨，無漏網者。郭太后以上英察孝果，且懷慙懼。時居興慶宮，與一二侍兒同升勤政樓，倚衡而望，便欲殞於樓下，欲成上過，左右急持之，即聞於上，上大怒，其夕太后暴崩，上志也。

通鑑考異大中三年條引（宣宗）實錄并附按語云：

大中三年五月戊寅，以太皇太后寢疾，權不聽政，帝率百寮問太后起居。己卯，復問起居，下遺令。是日太后崩。初，上（宣宗）篡位，以憲宗遇弒，頗疑太后在黨中，至是日暴得疾崩，帝之志也。六月貶禮院檢討官王皞為潤州句容令。（以皞抗疏請郭后合葬景陵，配饗憲宗廟室故也。）

按，實錄所言日暴崩事皆出於東觀奏記。若實有此事，則既云是夕暴崩，何得前一日先下詔云：以太后寢疾，權不聽政？若無此事，

通鑑貳肆壹元和十五年正月條考異引舊書壹貳拾、新書壹叁柒郭子儀傳附釗傳云：

初，左軍中尉吐突承璀謀立澧王惲為太子，上（憲宗）不許。及上寢疾，承璀謀尚未息，太子（穆宗）聞而憂之，密遣人問計於司農卿郭釗，釗曰：殿下但孝謹以俟之，勿恤其它！釗，太子之舅也。

廷裕豈敢輒誣宣宗，或者郭后實以病終，而宣宗以平日以疑忿之心欲黜其禮，故與爭之，疑以傳疑，今亦參取之。

實錄采，元和末年內廷閹寺吐突承璀一派欲立澧王惲，王守澄一派欲立遂王宥即後來之穆宗，吐突黨敗，憲宗亦遇弒，而穆宗因以擁戴繼位矣。裴廷裕至[illegible]比穆宗於商臣，當非確有所聞，不敢[illegible]為此誣妄之說。郭后為穆宗生母，其預知弒逆之謀，似甚可能也。司馬君實所論雖不失史家審慎忠厚之旨，但[illegible]似涉模棱，殊[illegible]鄙意。郭后暴山朋若果如非衣記，出於宣宗之志，則山朋前一日何不可預為伏筆，或者即因有前一日[illegible]寢疾之語，遂促成次日暴山朋之事乎？總之，宮掖事祕，不宜遽斷，然自王位繼承之不固定及閹寺黨派之競爭二事與此唐室中興英主憲宗之[illegible]結局有關則無可疑也。

復次，內廷宦寺中吐突承璀之黨即主張用兵之黨既失敗，其反對黨得勝，擁立穆宗，故外朝宰相即此反對黨之附屬品，自然亦不主張用兵，而「銷兵」之議遂成長慶一朝之國策矣。

（鍾輅前定錄李生條亦記懿安皇后為宦官宮人幽崩事，至日本僧圓仁入唐求法記所載郭太后被藥殺事，則年月名號俱有誤謬也。）

小注移至此行下

舊唐書壹陸穆宗紀云：

> 長慶元年二月乙酉天平節度使馬總奏：當道見管軍士三萬三千五百人，從去年正月已後情願居農者放，逃亡者不捕。先是天下河南及王承[redacted]元去鎮州，宰臣蕭俛等不顧遠圖，乃獻「銷兵」之議，請[redacted]詔天下軍鎮，每年限百人內八人逃死，故總有是奏。

同書壹柒貳蕭俛傳（新唐書壹佰壹蕭瑀傳附俛傳同。）云：

> 穆宗乘章武恢復之餘，即位之始，兩河廓定，

四郊無虞，而俛與段文昌屢獻太平之策，以為兵以靜亂，時已治矣，不宜黷武，勸穆宗休兵偃武。又以兵不可頓去，請密詔天下軍鎮有兵處每年百人之中限八人逃死，謂之[redacted]「消兵」。帝既荒縱，不能深料，遂詔天下，如其策而行之，而藩籍之卒合而為盜，伏於山林。明年朱克融、王廷湊復亂河朔，一呼而還，卒皆至，朝廷方徵兵，諸藩籍既不充，尋行招募，烏合之徒，動為賊敗，由此復失河朔。蓋「消兵」之失也。

實指宗，「銷兵」之數每年僅限百分之[redacted]八，且歷時甚短，而發生如是之大影響者，蓋當時河朔為胡化區域，其兵卒皆善戰之人，既被裁遣，作盜，遂為朱克融、王廷湊所利用，而中央政府[redacted]徵募之兵既非胡化善戰之人，自然不能與河朔健兒為敵也。

又舊唐書壹陸陸元稹傳（新唐書壹柒肆元稹傳略同。）云：

荊南監軍崔潭峻甚禮接稹，不以掾吏遇之，常徵其詩什諷誦之。長慶初潭峻歸朝，出稹連昌宮詞百餘篇奏御，穆宗大悅。

新唐書貳柒玖李訓傳（參考新唐書貳佰捌宦者傳下王守澄傳。）云：

宦人陳弘志時監襄陽軍，訓啓帝（文宗）召還，至青泥驛，遣使者杖殺之。復以計白罷（王）守澄觀軍容使，賜鴆死。又逐西川監軍楊承和、淮南韋元素、河東王踐言於嶺外，已行，皆賜死。而崔潭峻前物故，詔剖棺鞭尸。（元和逆黨幾盡。）

據新唐書李訓傳明言崔潭峻為元和逆黨，但憲宗於元和十五年正月廿七日被弒，則舊新唐書元稹傳「長慶初潭峻歸朝」之語微有未妥，故新唐書元稹傳改作

「長慶初潭峻方親幸」也。夫潭峻既為擁立穆宗之元和逆黨中人，其主張「銷兵」，自不待言。於是知元才子連昌宮詞全篇主旨所在之結句「努力廟謨休用兵」一語實與關涉當時政局國策，世之治史讀詩者幸勿等閒放過也。（參考民國廿二年六月清華學報拙著讀連昌宮詞質疑。又宮官王踐言為元和逆黨之一，而文宗太和九年八月丙申詔書以李德裕與之連結者，蓋踐言言送還悉怛謀之非計，與德裕所主張相合，李訓鄭注遂藉之以為說耳，詳見新唐書壹柒肆李宗閔傳舊唐書壹陸柒宋申錫新唐書壹捌拾李德裕傳等，茲不能詳論。）

新唐書捌敬宗紀（參考舊唐書壹柒上敬宗紀。）略云：

敬宗諱湛，穆宗長子也。始封鄂王，徙封景王。長慶二年，穆宗因擊毬暴得疾，不見羣臣者三日，左僕射裴度三上疏請立皇太子，而翰林學士兩省官相次皆以為言，穆宗疾少間，宰相李逢吉請立景王為皇太子，（癸巳詔景王為皇太子。）四年正月穆宗崩，丙子皇太子即皇帝位。

舊唐書壹柒叁李紳傳（新唐書壹捌壹李紳傳同）略云：

王守澄每從容謂敬宗曰，陛下登九五，（李）逢吉之助也。先朝初定儲貳，唯臣備知，時翰林學士李紳杜元穎勸立深王，而逢吉固請立陛下，李續之李虞繼獻章疏。帝雖沖年，亦疑其事。會逢吉言：李紳在內署時，嘗不利於陛下，請行貶逐。帝初即位，方倚大臣，不能自執，乃貶紳端州司馬。會禁中檢尋舊事，得穆宗時封書一篋，發之，得裴度杜元穎與紳三人所獻疏，請立敬宗為太子。帝感悟興歎，悉命焚逢吉黨所上謗書，由是讒言稍息，紳黨得保全。

李德裕党劉軻所撰牛羊日曆云：

穆宗不愈，宰臣議立敬宗為皇太子。時牛僧孺得懷異圖，欲立諸子，乃昌言於朝曰：「梁守謙、王守澄將不利於上。」又使楊虞卿、漢公輩宣言於外曰：「王守澄欲謀廢立。」又於衛卿門牆上施榜，每於穆宗行幸處路傍或苑內草間削白而書之，（寅恪案，此等所為殊似今日通衢廣張之政黨、外國政黨[redacted]宣傳標語，豈知吾中國人[redacted]已發明此方法耶？可笑，可歎！）北司共謀大亂，其兇險如此。

寅恪案，敬宗為長子，故外朝諸臣請立為皇儲，又值穆宗初即位元和逆黨方盛之時，其黨魁王守澄既贊成其事，而穆宗不久即崩，其繼承權所以幸未動搖也。然觀[redacted]外廷士大夫如李逢吉、劉軻之流，俱藉皇儲問題互訐其政敵，並牽涉禁中閹寺[redacted]黨魁，則唐代皇位繼承之不固定及內廷閹寺黨派與外朝士大夫相互關繫，於此復得一例證也矣。

舊[redacted]唐書壹柒上敬宗紀（新唐書捌敬宗紀同。）云：

寶曆二年十二月辛丑，帝夜獵還宮，与中官劉克明、田務成（通鑑作劉成）、許文端打毬，軍將蘇佐明、王嘉憲、石定寬等二十八人飲酒，帝方酣，入室更衣，殿上燭忽滅，劉克明等同謀害帝，即時殂於室內。

新唐書捌文宗紀（舊唐書壹柒下文宗紀同。）（初名涵）云：

文宗諱昂，穆宗第二子也。始封江王。寶曆二年十二月，敬宗崩，劉克明等矯詔以絳王悟勾當軍國事。壬寅，內樞密使王守澄、楊承和，神策護軍中尉魏從簡、梁守謙奉江王而立之，率神策六軍飛龍兵，誅克明，殺絳王。

舊唐書壹伍玖韋處厚傳（新唐書壹肆貳韋處厚傳同。）云：

寶曆季年，急變中起，文宗底綏內難，詔命將降，未有所定。處厚聞難奔赴，昌言曰：春秋之法，大義滅親，內惡必書，以明逆順，正名討罪，於義何嫌？安可依違，有所避諱？」遂奉書焉裁行焉。

通鑑貳肆叁（唐紀）寶曆二年十二月條云：

劉克明等矯稱上（敬宗）旨，命翰林學士路隋草遺制，以絳王悟權勾當軍國事。壬寅，宣遺制，絳王見宰相百官於紫宸外廡。克明等欲易置內侍之執權者，於是樞密使王守澄、楊承和、中尉魏從簡、梁守謙定議，以衛兵迎江王涵入宮，發左右神策飛龍兵進討賊黨，盡斬之。克明入井，出而斬之。絳王爲亂兵所害。

實錄案，憲宗爲宦官所弒，奄人以其爲英武之主，戚望在人，若發表實情，恐外間反對者藉此以聲討其族類，故諱莫如深，前[redacted]之論順宗實錄事，引舊書路隋傳，可以為證。及敬宗又為宦官所弒，當時奄人自應有所顧忌，然其所以卒從韋處厚之說，公開宣布者，則由敬宗乃童昏之君，不得比數憲宗，其被弒逆，亦以為無足諱言也。至敬宗及絳王悟之被弒，宦官與夫文宗之得繼位，均是內廷閹寺劉克明黨與王守澄黨一競爭下之附屬犧牲品及傀儡子耳，亦可憐哉！斯又唐代皇位繼承[redacted]不固定[redacted]與閹寺黨爭關係之一例證也。

舊唐書壹柒陸李宗閔傳（新唐書壹柒肆李宗閔傳同。）云：

文宗以二李（寅恪案，二李謂宗閔及德裕也，宗閔代表牛黨。）朋黨，繩之不能去，嘗謂侍臣曰：去河北賊非難，去此朋黨實難。

夫唐代河朔藩鎮有長久之民族社會文化背景，故不易去。牛李黨人之社會文化背景尤長久於河朔藩鎮，且此兩黨所[redacted]連結之[redacted]宮禁閹寺其社會文化背景之外更有種族問題，故文宗欲去[redacted]外朝士大夫黨誠甚難，而欲去內廷閹寺之黨，則尤難中之難，（斯以李黨受禍之故也）（況士大夫之黨乃閹寺黨之附屬品，閹寺黨既不能去，士大夫黨[redacted]何能去耶？）及至唐末，士大夫階級乃假借別一階級社會即黃巢餘黨朱全忠之武力除去閹寺之黨，而士大夫階級本身旋罹摧殘之酷，唐之皇室亦隨以覆亡。其間是非成敗（文宗以後）詳悉之史實，雖於此不欲置論，但士大夫階級與閹寺階級在[redacted]政治[redacted]上[redacted]盛衰分合互相關涉之要點，則不得不概略述之也。

就牛李黨人在唐代政治史中之進退歷程言之，兩黨雖俱有悠遠之歷史社會背景，但其[redacted]形式表面化則在憲宗之世，自此紛亂鬥爭，愈久愈烈，至文宗朝為兩黨參錯並進[redacted]競起最劇之時，武宗朝為李黨全盛時期，宣宗朝為牛黨全盛時期，宣宗以後士大夫朋黨之爭似已漸次諸派，無復兩黨對立生死搏鬥之跡象，此讀史者所習知也。[redacted]但一求問此兩黨競爭之歷程何以呈如是情狀者，則自來史家未有解答，鄙意外朝士大夫黨派之動態即內廷閹寺黨派之反影，內廷閹寺為主動，外朝士大夫為被動，[redacted]內廷閹寺為兩派同時並進，或某一時甲派進而乙派退，或某一時乙派進而甲派退，則外朝士大夫亦為兩黨同時並進，或某一時甲黨進而乙黨退，或某一時乙黨進而甲黨退，迨至後來內廷閹寺合為一片（此唐宣宗語，見下文所引。），[redacted]全體對外之時，則外朝士大夫亦更無黨派之可分，（兩內廷閹寺與外[redacted]朝士大夫黨相仇敵，終於事勢既窮，乞援外力，二者遂）同受別一武裝社會階級之宰割[redacted]矣。茲略引舊史，稍附論釋，藉以闡明唐代內廷閹寺黨派與外朝士大夫黨派關聯及變遷之歷程，補下，或可[redacted]步補前人之所未[redacted]備言者歟？

二〇〇

舊唐書壹陸玖李訓傳（新唐書壹柒玖李訓傳同）略云：

文宗以宦者權寵太過，繼為禍胎，元和末弒逆之徒尚在左右，雖外示優假，心不堪之，思欲芟落本根，以雪讎恥，九重深處，難與將相言，前與侍講宋申錫謀之不藏，幾成反噬，（負恪宗，事見舊唐書壹陸捌、新唐書壹伍貳宋申錫傳。）自是巷伯尤橫。因鄭注得幸（王）守澄，俾之援訓，冀黃門不疑也。訓既秉權衡，即謀誅內豎。中官陳弘慶者，自元和末負弒逆之名，忠義之士無不扼腕，時為襄陽監軍，乃召自漢南，至青泥驛，遣人封杖決殺。王守澄自長慶已來知樞密，典禁軍，作威作福，訓既作相，以守澄為六軍十二衛觀軍容使，罷其禁旅之權，尋賜酖殺。訓愈承恩顧，黃門禁軍迎拜戢斂。

同書同卷鄭注傳（新唐書壹柒玖鄭注傳同。）略云：

是時（李）訓（鄭）注之權赫於天下，既得行其志，生平恩讎絲毫必報。因楊虞卿之獄忌李宗閔李德裕，心所惡者目為二人之黨，朝士相繼斥逐，班行為之一空。（寅恪案，此事可參考舊唐書壹柒下文宗紀下大和九年八月九月有關諸條及同書壹柒肆李德裕傳、壹柒陸李宗閔傳，新唐書壹柒肆李宗閔傳、壹捌拾李德裕傳等。）注自言有金丹之術，可去痿弱重腿之疾，始李愬自云得效，乃移之（王）守澄，亦神其事，由是中官視注皆憐之，以是售其狂謀，而守澄自貽其禍。

同書壹捌肆宦官傳王守澄傳（新唐書貳佰柒宦者傳下王守澄傳同。）略云：

時仇士良有翊上（文宗）之功，為守澄所抑，位未通顯，（李）訓奏用士良，分守澄之權，乃以士良為左軍中尉，守澄不悅，兩相矛盾。訓因其惡，大和九年帝（文宗）令內養食李好古賫鴆賜守澄，祕而不發，守澄死，仍贈揚州大都督，其弟守涓為徐州監軍，召還至中牟，誅之。守澄豢養訓（鄭）注，反羅其禍，人皆快其受佞，而惡訓注之陰狡。

新唐書壹柒肆李宗閔傳（舊唐書壹柒陸李宗閔傳略同。）略云：

（李）訓（鄭）注乃劾宗閔異時陰結駙馬都尉沈議內人宋若憲宦者韋元素王踐言等求宰相，而踐言監軍劍南，受德裕賂，復與宗閔家私，乃貶宗閔潮州司戶參軍事，議逐柳州。元素等悉流嶺南，親信并斥。時訓注欲以權市天下，凡不附己者皆指以二人黨，逐去之，人人駭栗，帝乃詔宗閔德裕姻家門生故吏自今一切不問。

通鑑貳肆伍大和九年六月條[redacted]參考新唐書[redacted]貳佰捌宦者傳下王守澄傳云：

左神策中尉韋元素樞密使楊承和王踐言居中用事，与王守澄爭權不叶，李訓鄭注因之出承和於西川，元素於淮南，踐言於河東，皆為監軍。

寅恪案，李訓鄭注[redacted]所以能異於宋申錫，而幾成掃除閹[redacted]寺之全功者，實在於利用閹寺中自分黨派，如王守澄与仇士良及韋元素等之例是也。又當時牛李黨人各有其所結之中官，訓注之進用[redacted]本皆由於閹寺，故能悉其隱秘，遂欲同時一舉將閹寺及士大夫諸黨派俱排斥而盡去之也。夫當日閹寺之黨派既是同時並進互相競爭，其達於劇烈之高點，故士大夫之黨派亦各承其反影，亦復如之，斯誠文宗一朝政治上最重要之關鍵，前人論史似甚涉及者，特為標出之如此。

新唐書壹柒玖李訓傳（舊唐書壹陸玖李訓傳同）略云：

訓出（鄭）注，使鎮鳳翔，外為助援，擢所厚善分總兵柄。於是王璠為太原節度使，郭行餘為邠寧節度使，羅立言權京兆尹，韓約金吾將軍，李孝本御史中丞，陰許璠、行餘多募士，及金吾臺府卒，劫以為亂。（大和九年）十一月壬戌（二十一），帝（文宗）御紫宸殿，約奏甘露降金吾左仗樹，帝輦如含元殿，詔宰相群臣往視，還，訓奏：非甘露，帝顧中尉仇士良、魚弘志等驗之，因欲閉止諸宦人，使無逸者。時璠、行餘皆辭赴鎮，兵列丹鳳門外，訓傳呼曰：兩鎮軍入受詔旨。聞者趨入，邠寧軍不至。宦人至仗所，會風動廡幕，見執兵者，士良等驚走出，閽者將闔扉，為宦者叱爭，不及閉。訓急，連呼金吾兵曰：

衛乘輿者人賜百千！於是有隨訓入者，宦人
只事急矣！即扶輦，決罘罳，下殿趨，訓攀輦
曰：陛下不可去！士良曰：李訓反，帝曰：訓不反。士
良手搏訓而躓，訓壓之，將引刀靴中，救至，
士良免。上上言孝本領眾四百東西來，上殿，與
金吾士縱擊宦官，死數十人。訓持輦愈急，
至宣政門，宦人郗志榮椹訓，仆之，輦入東上
閤，即閉，宮中呼萬歲。會士良遣神策副使
劉泰倫、陳君奕等率衛士五百挺兵出，所值輒
殺，殺諸司吏六七百人，復分兵屯諸宮門，捕訓
黨千餘人，斬四方館，流血成渠。
贊曰：李德裕嘗言：天下有常勢，北軍是也。
訓因王守澄以進，此時出入北軍，若以上意說

諸將，易如靡風，而反以臺府抱關游徼抗中人，以搏精兵，其死宜哉！」文宗嘗稱訓天下奇才，德裕曰：「訓曾不得齒徒隸，尚才之云！」世以德裕言為然。（見兩書劉蕡策，李德裕語見新書壹柒玖李訓傳）此甘露事變之一幕悲劇也。當時中央政權寄託於皇帝之一身，發號施令必用其名義，故政權之爭其成敗關鍵在能否[redacted]挾持皇帝一人而判定。夫皇帝之身既在北軍宦官掌握之內，若不以南衙臺府抱關游徼以抗神策禁旅，則當日長安城中將用何等兵卒與之角逐乎？此甘露變後所以僅餘以藩鎮武力對抗閹寺北軍之唯一途徑，是即崔胤所取用而有效，但為當時及後世所詬病者也。至謂以上意說北軍諸將，易如靡風，則天下事談何容易。在大和之前則永貞之時，王叔文嘗欲奪閹寺兵柄，舉用范希朝韓泰，而卒無所成，（事見韓愈順宗實錄伍及舊唐書壹叁伍新唐書壹陸捌王叔文傳況文宗朝宦官盤踞把持之牢固更有甚於順宗時者乎？而韓退之永貞行（昌黎集叁）所云：

君不見太皇諒陰未出令，小人乘時偷國柄。北軍百萬虎與貔，天子自將非他師。（寅恪案，神策軍宦官所將耳，何得謂天子自將耶？）一朝奪印付私黨，懍懍朝士何能爲。

蓋不過俱文珍私黨之誣言，非公允之論也。然則李訓爲天下奇才，較當日外朝士大夫牛李黨人之甘心作宮掖中閹寺附屬品者，固有不同矣。文饒挾嫌，其語不足依據，後之史家何可以成敗論人也。通鑑貳肆伍紀大和九年十一月壬戌即二十一日之甘露事變，其結論有云：

自是天下事皆決於北司，宰相行文書而已。

誠道其實也。至文宗之終爲閹寺所廢，如皮光業見聞錄之所諱（見通鑑考異大和九年十一月條及唐語林叁方正類。新唐書貳佰柒宦者傳上仇士良傳末。）固有未諱，已為司馬君實所指出，但自此以後唐代皇位之繼承完全決於宦官之手，而外朝宰相雖有服從一點，若復取下列史料證之，則更無可疑也。

唐語林柒補遺云：

> 宣宗崩，內官定策立懿宗，入中書商議，命宰臣署狀，宰相將有不同者。夏侯孜曰：二十年前外大臣得與禁中事，三十年以來外大臣固不得知，但是李氏子孫，內大臣定，外大臣即北面事之，安有是非之說？！遂率同列署狀。

又新唐書壹捌貳李珏傳云：

> 始莊恪太子薨，帝（文宗）屬意陳王。既而帝崩，中人引宰相議所當立。珏曰：帝既命陳王矣。已而武宗即位，人皆為危之，珏曰：臣下知

来年所言，安与林示中十事？

蓋甘露事變又在文宗大和九年，即西曆八三五年，宣宗崩於大中十三年，即西曆八五八年，夏侯孜所謂二十年者乃約略舉成數言之。又李珏「安与林示中十事？」之言可与夏侯孜語互證，足知自開成後真所謂「建桓立順，功歸貴臣」，此劉蕡得語，前文已引。而外朝宰相固絕難与聞也。

舊唐書壹柒下文宗紀（參舊唐書壹柒伍新唐書捌貳陳王成美傳）云：

（大和）六年十月庚子詔：魯王永宜冊為皇太子！

（開成）三年九月壬戌上（文宗）以皇太子慢遊敗度，欲廢之，中丞狄兼謨垂涕[redacted]切諫。是夜移太子於少陽院，殺太子宮人左右數十人。十月庚子皇太子薨於少陽院，謚曰莊恪。

（開成）四年 十月壬寅制以敬宗第六男成美為皇太子」

（開成）五年，春，正月，戊寅朔，上不康，不受朝賀。己卯，詔立親弟潁王[redacted]瀍爲皇太弟，權句當軍國事，皇太子復爲陳王。辛卯，上崩於大明宮之太和殿。

同書壹捌上武宗紀（新唐書捌武宗紀同，並參考舊唐書壹柒伍、新唐書捌貳陳王成美傳）略云：

武宗諱炎，穆宗第五子，封潁王，本名瀍。文宗以敬宗子陳王成美爲皇太子。（開成）五年正月二日，文宗暴疾，宰相李珏、知樞密劉弘逸奉密旨以皇太子監國，兩軍中尉仇士良、魚弘志矯詔迎潁王於十六宅，立爲皇太弟。四日，文宗崩，皇太弟即皇帝位。陳王成美、安王溶賜死於邸第。初，楊賢妃有寵於文宗，而莊恪太子母王妃失寵怨望，爲楊妃所譖，王妃死，太子廢。及開成末年，帝多疾，無嗣，賢妃請以安王溶嗣，帝謀於宰臣李珏，珏非之，乃立陳王。至是仇士良欲歸功於己，乃發安王舊事，故二王與賢妃皆死。以開府右軍中尉仇士良封楚國公，左軍中尉魚弘志為韓國公。

新唐書捌貳莊恪太子永傳(舊唐書壹柒伍莊恪太子永傳同)略云、

(大和)六年立為皇太子。母(王德妃)寵衰、楊賢妃方幸、數譖之。帝(文宗)震怒、群臣連章論救、(文宗)意少釋。然太子終不能自白其讒。是年(開成三年)暴薨。

寅恪案、日本僧圓仁入唐求法記亦有殺却皇太子之記述、可以參考。

通鑑貳肆陸會昌元年三月條(參新唐書貳佰柒宦者仇士良傳)云、

初、知樞密劉弘逸・薛季稜有寵於文宗、仇士良惡之。上(武宗)之立非二人及宰相之意、故楊嗣復出為湖南觀察使、李珏出為桂管觀察使。士良屢譖弘逸等於上、勸上除之。乙未、賜弘逸・季稜死。

張固幽閒鼓吹云、

(李)(德裕)在維揚、監軍楊欽義追入、必為樞近、而通鑑武肆，會昌五年九月紀李德裕入相事，即采用此條，胡注云：

史言李德裕亦不免由宦官以入相。

德裕致禮皆不越尋常，欽義心銜之。一日邀中堂飲，更無餘賓，而陳設寶器圖畫數牀，皆殊絕，一席祗奉亦竭情禮，宴罷，皆以贈之，欽義大喜過望。行至汴州，有詔令監淮南軍，欽義至，即具前時所獲歸之。朱崖曰：此無所直，夫何相拒。一一悉却與之，欽義感悅數倍。後竟作樞密使，武皇一朝之柄用，皆欽義所致也。

實指宣宗，上所删文宗武宗兩朝向之史料，亦皆唐代由于位繼承不固定及宦寺黨派競爭[redacted]決定後，李氏子孫充傀儡，供犧牲，而士大夫黨派又作閹寺黨派之附屬品，隨其勝敗，以為進退之明顯例證也。又幽閒鼓吹載李德裕[redacted]入相實由楊欽義之助[redacted]一節，通鑑亦采用之，小説言衛公事多誣誕，究其可信與否，未敢確定。鄙意即使可信，亦非賛劉入相之主因。據[redacted]通鑑貳肆柒會昌三年五月壬寅以翰林學士承旨崔鉉為中書侍郎同平章事條云：

上（武宗）夜召學士韋琮，以鉉名授之，令草制，宰相樞密皆不之知。時樞密使劉行深楊欽義皆愿愨，不敢預事，老宦者尤之曰：此由劉楊懦怯，墮敗舊風故也。

是楊欽義以愿愨著聞，不敢干預命相之事，則文饒之入相（似）與結交欽義無大關係，可以推知。考其時（宦官）劉弘逸[redacted]等[redacted]一派既與牛黨李珏[redacted]等共[redacted]（翼戴）白王太子成美而遭失敗，則得勝之閹寺仇士良魚弘志一派自必排去牛黨，而以與其有連之李黨代之，楊欽義殆屬於仇士良派者，此德裕入相之主因也。然則宮掖閹寺（黨派）之爭（之勝）[redacted]敗影響朝於外朝士大夫黨派之進退，於此益得證明無疑矣。

新唐書捌宣宗紀略云：

宣宗諱忱，憲宗第十三子也，始封光王。（本名怡）。會昌六年武宗疾大漸，左神策護軍中尉馬元贄立光王為皇太叔。三月甲子即皇帝位。四月乙亥，始聽政。丙子李德裕罷。五月乙巳翰林學士承旨兵部侍郎白敏中同中書門下平章事。

通鑑貳肆捌會昌六年三月條云：

上（武宗）疾篤，旬日不能言，諸宦者密於禁中定策。辛酉下詔稱：皇子沖幼，須選賢德，光王怡可立為皇太叔，更名忱，一應軍國大事權令句當。甲子上崩。丁卯宣宗即位。

胡注云：

以武宗之英達，李德裕之得君，而不能定後嗣，是制命在宦豎，北司掌兵，且專宮禁之權也。

宣宗，[redacted]會昌季年內廷閹寺之黨派競爭之史實，無從詳[redacted]來，但就武宗之子不得繼位一事推之，則必是翼戴武宗之黨派失敗，可以決言也。於是宣宗遂以皇太[redacted]叔之名義承繼其姪之大統，而唐代皇位繼承之不固定，觀此益可知矣。胡氏之語甚諦，自會昌六年三月宦官馬元贄等於宮中決策以後，外朝李黨全盛之局[redacted]因以告終，國柄自然轉入其政敵牛黨之手焉。

由憲宗朝至文宗朝牛李兩黨[redacted]之爭雖劇，而互有進退，武宗朝始終李黨當國，宣宗朝宰相亦必屬牛黨，但宣宗以後不復聞兩黨劇烈之爭，究其所以然之故，自來未有[redacted]能言之者。若依寅恪前所論證，外朝士大夫黨派乃內廷閹寺黨派之應聲蟲或附屬品，惟閹寺起族類之自覺，其間不發生其劇烈之[redacted]爭，而能團結一致以對外者，則與外朝諸臣無分區[redacted]連結之必要，而士大夫之黨遂失其宗主之內助，[redacted]其競爭亦遂[redacted]不得不終歸消[redacted]歇也。茲舉一二例，以為證明於下：

唐語林貳政事類（下）（參新唐書壹陸玖韋貫之傳附澳傳。）云：

宣宗暇日召翰林學士韋澳入。上曰：要與卿款曲，少間出外，但言論詩。上乃出詩一篇。有小黃門置茶牀訖，亟屏之。乃問：朕於敕使如何？澳曰：威制前朝無比。上閉目搖手曰：總未，依前怕他，在卿如何？計將安出？澳既不為之備，率意對曰：謀之於外廷，即恐有太和事，（宣宗稱太和事，指甘露之變。）不若就其中揀拔有才者，委以計事。上曰：此乃末策，朕行之，初擢其小者，至黃至綠至緋皆感恩，若紫衣掛身，即合為一片矣。澳慚汗而退。

北夢瑣言伍令狐公密狀條云：

唐大和中閹官恣橫，因甘露事，王涯等皆罹其禍，竟未昭雪。宣宗即位，深抑其權，末年嘗授旨於宰相令狐公（綯），欲盡誅之，慮其冤，乃密奏牓子曰：但有罪莫舍，有闕莫填，自然無遺類矣。後為宦官所見，於是南北（衙[redacted]司）益相水火，洎昭宗末崔侍中（胤）得行其志，然而玉石俱焚也。

寅恪案，韋澳意欲利用閹人以制閹人，即李訓鄭注之故計，在文宗朝用之雖不能成全功，然頗亦收其初效，蓋當時閹寺中王守澄與仇士良之徒尚分黨派，可資利用也。迨大中時其一致團結，以與士大夫對抗，如唐語林北夢瑣言所載[redacted]事，則離間之術不能復行。[redacted]此宣宗以後宮禁閹寺一致對外之新形勢，[redacted]終激成崔胤別[redacted]借外鎮兵力，盡取此輩族類殲滅之[redacted]無遺也。

又讀史者或見僖宗時宦官田令孜忌惡閹人楊復恭復光

兄弟[redacted]事，因以致疑於宣宗以後閹寺合為一片之說者，如廿僖已

唐書壹玖下僖宗紀云云

（中和）三年六月甲子，楊復光卒於河中，其部下忠武八都都頭鹿晏弘、晉暉、王建、韓建等各以其衆散去。時復光兄復恭知樞密，田令孜以復光立（賊）破功，憚[redacted]而惡之，故賊平當賞，及聞復光死，甚悅，復擯復恭罷樞密，為飛龍使。

是也。但[redacted]同書同卷[redacted]中和三年五月王鐸罷行營都統條云云

時中尉田令孜用事，自負[redacted]帷幄之功，以鐸用兵無功，而由楊復光建策召沙陀，成破賊之效，欲權歸北司，乃黜鐸而悅復光也。

然則田令孜雖與楊復恭、復光兄弟不相得，然對於外廷士大夫則自相團結，一致敵視。蓋當時閹寺南[redacted]（衙）北（司）之界限即階

級族類之意識甚為堅強明確，不欲[redacted]連結外朝士大夫，[redacted]以自攻擊，因亦無由造成士大夫之黨派，如以前之牛李兩黨[redacted]

提行頂格

新唐書玖懿宗紀（參考通鑑貳肆玖大中十三年六月條通略云云　通鑑考異咸通二年二月條[illegible]）

懿宗諱漼，宣宗長子也，始封鄆王。宣宗愛夔王滋，欲立為皇太子，而鄆王長，故久不決。大中十二年八月宣宗疾大漸，以夔王屬內樞密使王歸長、馬公儒、宣徽南院使王居方等，而左神策中尉護軍王宗實、副使丌元實矯詔立鄆王為皇太子。癸巳即皇帝位。王[redacted]宗實殺王歸長、馬公儒、王居方。

通鑑貳伍拾咸通二年二月條云：

是時士大夫深疾宦官，事小有相涉，則眾共棄之。建州進士葉京嘗預宣武軍宴，識監軍之面，既而及第，在長安與同年出遊，遇之於塗，馬上相揖，因之謗議謂然，遂沈廢終身，其不相援如此。寅恪案，昌黎外集卷三有送汴州監軍俱文珍序并詩，備極諂諛之詞。夫文珍在宣武監軍也，而退之與董晉之遭遇乃迥不相同，據是可知貞元及咸通時士大夫與閹寺關係之異同矣。

依新紀所載，似宣宗末年內廷閹寺仍有黨派競爭者，考內廷閹寺中神策中尉掌握兵柄，其權最大，宣宗雖明知彼輩已合為一片，而其末年聯仿文宗之先例，姑勉強利用無實力之樞密使與持兵柄之神策中尉對抗，終於同一無成，而王歸長與王宗實二派以實力大相殊異之故，其競爭必不甚劇烈，且其時閹寺已共趣於難之自覺，一致對外，又與文宗時不同，故無須亦不欲連結外朝士大夫以興黨爭，前引夏侯孜之言可證。蓋非復宣宗以前因內廷黨派勝敗而致外朝黨派進退之習慣矣。讀史者於此事勿誤會。[redacted]至於唐代自王位繼承之不固定，[redacted]茲又得一例證，自不待言。觀通鑑咸通二年所紀葉京事，知宣宗晚歲懿宗初年士大夫階級並已合為一片，與閹寺全體對敵，後來崔胤以士大夫之代表資格盡誅宦官，實非一朝一夕所致也。

通鑑貳伍貳咸通十四年[redacted]條（并參考舊唐書壹玖下新唐書玖僖宗紀）略云：

（七月）戊寅，上（懿宗）疾大漸，左軍中尉劉行深、右軍中尉韓文約立少子普王儼。庚辰，制立儼爲皇太子，權句當軍國政事。辛巳，上崩（于咸寧殿），僖宗即位。（八月）劉行深、韓文約皆封國公。

考異曰：

范質五代通錄：梁李振謂陝州護軍韓彝範曰：懿宗初升遐，韓中尉殺長立幼，以利其權，遂亂天下，今將軍復欲爾耶？彝範即文約孫也。按，懿宗八子，僖宗第五，餘子新舊（唐）書不載長幼，又不言所繇（所以然之詞）若果何王也。

據此，[redacted]唐代內廷閹寺決定皇位繼承之經過及李氏子孫[redacted]作傀儡犧牲之悲劇，史文雖多闕漏，要之與前此相似，爲一種公式化之行動，故其概況亦可以推知也。

舊唐書貳拾上昭宗紀（參考新唐書拾昭宗紀通鑑貳伍柒文德元年三月條。）略云：

昭宗諱曄，懿宗第七子，封壽王。文德元年二月僖宗暴不豫，及大漸之夕，而未知所立，羣臣以吉王最賢，又在壽王之上，將立之，唯軍容楊復恭請以壽王監國。三月六日立為皇太弟。八日即位。

同書壹捌肆宦官傳楊復恭傳（新唐書貳佰捌宦官傳下楊復恭傳同。）略云：

李茂貞收興元，進復恭前後與（楊）守亮私書六十紙，訴致仕之由云：吾於荊榛中援立壽王，有如此負心門生天子，既得尊位，乃廢定策國老。

寅恪案，唐代科舉制度門生為座主所[illegible]獎拔，故感恩，兩者之間情誼既深，團結自固，牛黨之所以終勝李黨者，其主因在此。楊復恭門生天子之喻，於宦官

受士大夫之薰習所致，雖擬辭旨稍有不備，然止就官
官專決，自之位總承一事，言之，則[redacted]其辭意代作當時政治之實狀，并
不可厚非也。

新唐書指昭宗紀、舊唐書貳指上昭宗紀同。云云
光化三年十一月乙丑左右神策軍中尉[redacted]劉季述、王
[redacted]仲先、內樞密使王彥範、薛齊偓作亂，皇
帝居於少陽院。丁卯，季述以皇太子裕為皇
帝。
天復元年正月乙酉左神策軍將孫德昭、董彥
弼、周承誨以兵討亂，皇帝復于位，劉季述、王彥範、
薛齊[redacted]偓伏誅，降封皇太子裕為德王。
同書拾貳德王傳（舊唐書百七十五德王傳同。）略云云
（韓建）殺諸王，因請立裕為皇太子。劉季述
德王裕昭宗之長子也，大順二年六月二十八日封

等弑帝（昭宗）東內，奉輝王即皇帝位。季述誅，詔還少陽院，復為王。

同書同卷憲宗以下諸子傳論云：

自天寶已降，內官擅權，人君不能制，中闈篡弑，皆出其心，故手[redacted]纔攬於萬機，目已睨於六宅（寅恪案：六宅，諸王所居[redacted]宅。）

宦寺，唐室皇帝廢立之權既歸閹寺，皇帝居宮中亦是廣義之模範監獄囚犯，劉季述等之廢立不過執行故事之擴大化及表面化耳。唐代皇位繼承權[redacted]於（事實甚多）固定，此段乃二百年間最後之局，其昭宣帝（柷）之立及其禪位（一段結局）則不過為朱全忠創業之裝飾物及犧牲品，詳見舊唐書貳拾下哀帝紀、新唐書拾昭宣光烈孝皇帝紀，不足特為論述也。

舊唐書壹捌肆宦官傳楊復恭傳末（參考新唐書貳佰捌宦者傳下楊復恭傳）

弘傳（舊唐書貳拾上、新唐書拾昭宗紀）略云：

是月（光化三年正月）（朱）全忠迎駕還長安，詔以崔胤為宰相，兼判六軍諸衛。胤奏曰：高祖太宗時無內官典軍旅，自天寶已後宦官[redacted]寖盛，貞元元和分羽林衛為左右神策軍使衛從，令宦官主之，自是參掌樞密，由是內務百司皆歸宦者，不剪本根，終為國之蠹賊，內諸司使務宦者主者請一切罷之，諸道監軍使並追赴闕庭。詔曰：其第五範已下並宜賜死，其在鳳翔同華河中並盡底處置訖，諸道監軍使已下及管內經過[redacted]并居停內使，勅到並仰隨處誅夷訖聞奏之，其左右神策軍並令停廢！

宦官傳，舊傳所[redacted]書崔胤奏之及宦官詔，乃中古政治史劃時代之[redacted]大文字，故節錄之，以結此篇焉。

（下）外族盛衰之連環性及外患与内政之關係

李唐一代為吾國与外族接觸繁多而甚有光榮之時期，近數十年來考古及異國文籍之[redacted]發見迻譯，補正唐代有關諸外族之史事者頗多，固非此篇之所能詳，亦非此篇之所欲論也。茲所論者只二端：一曰外族盛衰之連環性，二曰外患与内政之關係，請分別言之於下：

所謂外族盛衰之連環性者，即某甲外族不獨与唐室統治之中國接觸，同時亦与其他之外族有關，其他外族之崛起或強大[redacted]可致某甲外族之滅亡或衰弱，其間相互之因果雖難分析，而唐室統治之中國遂受其興亡強弱之影響，或利用其機緣，或坐承其弊害，故觀察唐代中國與某甲外族之關係，其範圍不可限於某甲外族，必通覽諸外族相互之關係，然後三百年間中國與四夷更疊盛衰之故始得明瞭，當時之唐室對外之措施亦可略知其意，蓋中國與其所接觸諸外族之盛衰興廢常為多數外族間之連[redacted]環性，而非中國與某甲外族間之孤獨性也。新唐書貳壹伍上四夷傳總序略云：

唐興，蠻夷更盛衰，嘗與中國抗衡[redacted]者有四：突厥、吐蕃、回鶻、雲南是也。凡突厥、吐蕃、回鶻以盛衰先後為次，東夷、西域又次之，迹用兵之輕重也，終之以[redacted]南蠻，記唐所繇由云。

宋子京作唐四夷傳，其敘述次第一以盛衰先後，二述用兵之輕重，三元唐所由亡。茲篇論述則依其所以更互盛衰之跡，列為次序，（附籍舊）以闡發其間之連[redacted]環性，至唐亡由於南詔，乃屬於外患與內政關係之範圍，俟於後論之，茲暫不涉及也。

又唐代武功可稱為吾民族空前盛業，然詳究其所以與某甲[redacted]外族競爭，卒[redacted]致勝利之原因，實不僅由於吾民族尚勇之精神及充實之物力，亦某甲外族本身之腐朽衰弱有以為吾民族武力所以取敗之先導者也。國人治史者於發揚讚美先民之功業時，往往忽略此點，是[redacted]既有違學術求真之旨，且非[redacted]舊日史家陳述覆敗之前轍，以供後車[redacted]鑑誡，故本篇之意於某甲外族因其本身腐朽衰弱[redacted]遂成中國勝利之本末必特為標出之，以資讀史者之注意焉。

通典壹玖柒邊防典突厥上條　新唐書貳壹伍上突厥傳　唐會要玖肆北突厥條

及隋末亂離，中國人歸之者甚衆，又更盛強，勢陵中夏。迎蕭皇后，置於定襄，薛舉竇建德王世充劉武周梁師都李軌高開道之徒雖僭尊號，俱北面稱臣，東自契丹，西盡吐谷渾高昌諸國皆臣之，控弦百萬，戎狄之盛近代未有也。大唐起義太原，劉文靜聘其國，引以為援。

舊唐書陸柒李靖傳（參考新唐書貳壹伍上突厥傳貞觀政要貳任賢篇大唐新語柒容恕篇）云：

太宗初聞靖破頡利，大悅，謂侍臣曰：朕聞主憂臣辱，主辱臣死。往者[redacted]國家草創，太上皇（高祖）以百姓之故，稱臣於突厥，朕未嘗不痛心疾首，志滅匈奴，坐不安席，食不甘味。今者暫動偏師，無往不捷，單于款塞，恥其雪乎？

寅恪案，隋末中國[redacted]北部，群雄競起，悉奉突厥為大君，李淵又豈能例外？

溫大雅大唐創業起居注所載唐初事最為實錄，[redacted]而其紀劉文靜往突厥求援之本末，尚於高祖稱臣一節隱諱[redacted]不盡。逮頡利敗滅已後，太宗失喜之餘，史家傳錄當時語言，始漏泄此役之真相，然則[redacted]隋末唐初之際，[redacted]亞洲大部民族之主人是突厥，而非華夏，[redacted]但唐太宗僅於十年之後，能以屈辱破殘之中國，一舉而[redacted]（西厥）滅之，[redacted]國由唐室君臣之[redacted]發奮自強，遂得臻此，實亦突厥本身之腐敗有以致之也。

通典壹玖柒邊防典突厥上條（參考舊唐書壹玖肆上、新唐書貳壹伍上突厥傳、唐[redacted]會要玖肆北突厥條等。）云：

貞觀元年，陰山以北薛延陀迴紇拔也古等十餘部皆相率叛之，擊走其欲谷設，頡利遣突利討之，師又敗績，輕騎奔還，頡利怒，拘之十餘日，突利由是怨憾，內欲背之。二年，契利遣使奉表言，與頡利有隙，奏請擊之，詔秦武通以并州兵馬隨便接應。三年，薛延陀自稱可汗於漠北，遣使來貢方物。頡利每委任諸胡，疏遠族類，胡人貪冒，性多翻覆，以故法令滋章，兵革歲動，國人患之，諸部攜貳，頻年大雪，六畜多死，國中大飢，用度不給，重斂諸部，由是下不堪命，內外多叛之。

舊唐書壹玖伍迴紇傳 亦新唐書貳壹柒上回鶻傳同，又參考舊唐書壹玖玖下鐵勒傳，新唐書貳壹柒下薛延陀傳，唐會要玖陸薛延陀條，通典壹玖玖邊防典十五薛延陀條等書 云：

初有特健俟斤死，有子曰菩薩，部落以為賢而立之。貞觀初，菩薩與薛延陀侵突厥北邊，突厥頡利可汗遣子欲谷設率十萬騎討之，菩薩領騎五千與戰，破之於馬鬣山，因逐北至於天山，又進擊大破之，俘其部衆，迴紇由是大振，因率其眾附於薛延陀，號菩薩為活頡利發，仍遣使朝貢。菩薩勇烈有膽氣，善籌策，每對敵臨陣，必身先士卒，以少制眾，常以戰陣射獵為務，其母烏羅渾主知爭訟之事，平反嚴明，部內齊肅，回紇由是興焉。貞觀中擒降突厥頡利等可汗之後，北虜唯菩薩、薛延陀為盛，太宗冊北突厥莫賀咄為可汗，遣統回紇僕骨同羅思結阿跌等部，回紇酋帥吐迷度與諸部大破薛延陀多彌可汗，遂併其部曲，奄有其地。

實緣塞，北突厥、或東突厥之敗亡[redacted]除與唐發敵外，其主因一[redacted]為境內之天災及亂政，二[redacted]為其他鄰接部落回紇、薛延陀之興起，故授中國以可乘之隙，否則雖以唐太宗之英武[redacted]亦未必能致如是之奇績，[redacted]斯外族盛衰連環性之一例證也。

舊唐書壹玖伍迴紇傳（新唐書貳壹柒下回鶻傳同）云云

開成初，其相有安允合者，與特勤（寅恪案，勒當作勤，下同）柴草欲篡奪，薩特勤可汗，薩特勤可汗覺，殺柴草及安允合。又有迴紇相掘羅勿者擁兵在外，怨誅柴草安允合，又殺薩特勤可汗，以廬馺特勤為可汗。有將軍句錄末賀恨掘羅勿，走引黠戛斯領十萬騎破迴[redacted]城，殺廬馺，斬掘羅勿，燒蕩殆盡，迴鶻散奔諸蕃。有迴[redacted]鶻相馺職者擁外甥龐特勤及男鹿并遏粉等兄弟五人一十五部西奔葛邏祿，一支投吐蕃，一支投安西，又有近可汗牙十三部以特勤烏介為可汗，南[redacted]來附漢。（寅恪案，通鑑貳肆陸開成四年末條此柴草作柴革，考異駁後唐紀年錄之語[redacted]及唐會要玖捌迴紇條，俱可參考。）

唐會要玖捌迴紇條云云

連年饑疫，羊馬死者被地，又大雪為災。

新唐書貳壹柒下黠戛斯傳略云：

回鶻授其君長阿熱為毗伽頓頡斤，回鶻稍衰，阿熱即自稱可汗，回鶻遣宰相伐之，不勝，挐鬭二十年不解，阿熱恃勝肆詈，回鶻不能討，其將句錄莫賀導阿熱破殺回鶻可汗，諸特勒（寅恪案，勒新書作勤。）皆潰。

寅恪案，迴紇自唐肅宗以後最為強大，中國受其害甚鉅，[redacted]及至文宗之世，天災黨亂擾其內，黠戛斯崛起侵其外，於是崩潰不振矣。[redacted]興者之史籍[redacted]日中國亦非興強之時，而能成此[redacted]攘夷之偉業者，蓋乃由堅昆之興[redacted]起，遂致迴紇之滅亡歟？斯又外族盛衰連環性之一例證也。

此党字不可作黨

新唐書貳壹陸下吐蕃傳論云

唐興，四夷有[redacted]弗率者，皆利兵移之，蹶其牙，犁其庭而後已，唯吐蕃回鶻號強雄，為中國患最久，贊普遂盡盜河湟，薄王畿為東境，犯京師，掠近輔，殘華人，謀夫虓帥環視共計，卒不得要領，晚節二姓自亡，而唐亦衰焉。

寅恪案，吐蕃之發盛始於貞觀之世，至大中時其國雖瓦解衰弱，中國於是收復河湟，西北邊陲稍得安謐，蓋始終凡二百年，中國唐代所受外族之患害未有若斯之久且劇者也。迨吐蕃衰敗之後，其役屬之黨項部別復興起焉，此黨項部之子孫為西夏，又為中國邊患，與北宋相終始，則吐蕃一族之興廢關[redacted]繫吾國中古史者如是，其事跡本篇雖不能詳言，而其盛衰所由之樞機即與其他外族之連環性及唐代政府肆應之對策即結[redacted]合鄰接吐蕃諸外族，以行包圍之秘計。舊史雖亦載其概略，惜尚未有闡發解釋之者，故不得不於此一論述之也。

提行頂格

[redacted]李唐承襲宇文泰「關中本位政策」，全國重心本在西北一隅，而吐蕃盛強延及二百年之久，故當中國極盛之時已不能不於東北方面採取維持現狀之[redacted]消極政[redacted]略，（見下文論高麗事節。）而竭全國之武力財力，積極進取，以開拓西北邊境，統制中央亞細亞，藉保關隴之安全，為國策也。又唐資太宗高宗兩朝全盛之勢，歷經困阻，始克高麗，既克之後，復不能守，雖天時地勢之艱難有以致之，（亦見下文論高麗事節。）而吐蕃之盛強使唐無餘力顧及東北，[redacted]要為其最大之原因。此東北消極政策不獨有關於李唐一代政局，即五代趙宋數朝之國勢亦因以構成，由是言之，吐蕃一族與唐之競爭實影響於中國數百年

凡党項之党不可作黨

之世局，則又不能不為一論述之也。

新唐書捌宣宗紀參考舊唐書壹捌下宣宗紀壹玖陸下吐蕃傳壹玖捌西戎傳党項羌傳新唐書貳壹陸下吐蕃傳貳貳壹上西域傳党項傳及唐會要玖柒吐蕃傳玖捌党項羌傳等。云云

（大中）三年二月吐蕃以秦原安樂三州石門驛藏木峽制勝六盤石峽蕭七關歸於有司。十月吐蕃以維州降于有司。十二月吐蕃以扶州歸于有司。

四年十二月党項寇邠寧，十二月鳳翔節度使李安業河東節度使李拭為討招党項使。

五年三月白敏中為司空招討南山平夏党項行營兵馬都統。四月赦平夏党項羌。八月乙巳赦南山党項羌。十月沙州人張義潮以瓜[redacted]沙伊肅鄯甘河西蘭岷廓十一州歸于有司。

同書[redacted]貳壹陸下吐蕃傳參考通鑑貳肆柒會昌二年貳肆捌會昌三年貳肆玖大中三年[illegible]

殺以蕃
詔傳略云：

彝泰贊普立幾三十年，病不事，委任大臣，故不能抗中國，邊候晏然，死，以弟達磨嗣，達磨嗜酒，好畋獵，喜內，且凶愎少恩，政益亂。唐是國中地震裂，水泉湧，岷山崩，洮水逆流三日，鼠食稼，人饑疫，死者相枕藉，廓鄯間夜聞鼙鼓聲，人相驚。會昌二年 [redacted] 贊普死，無子，以妃綝兄尚延力子乞離胡為贊普，始三歲，妃共治其國。大相結都那見乞離胡不肯拜，曰：贊普支屬尚多，何至立綝氏子 [redacted] 邪？用事者共殺之。三年，國人以贊普立非是，皆叛去。尚恐熱自號宰相，以兵二十萬擊（鄯州節度使）尚婢婢，恐熱（敗）單騎而逃。大中三年，婢婢引眾趨甘州西境，恐熱大略鄯、廓、瓜、肅、伊、西等州，保渭州，未幾，秦原歸唐。

劉格案：吐蕃之破敗由於天災及內亂，觀此可知也。吐蕃中央政權統治之力既弱，故其境內諸部族逐漸脫[redacted]離獨立，党項之興起，張義潮之來歸，皆其例也。宣宗初雖欲以兵力平定党項，而終不得不遣白敏中行招撫之策，含混了之，則河湟之恢復實因吐蕃內部之亂弱，非中國武力所能致，抑又可見矣。

新唐書貳壹陸上吐蕃傳云：

（開元）十年攻小勃律國，其王沒謹忙詒書北庭節度使張孝嵩曰：勃律唐西門，失之則西北諸國皆墮吐蕃。始勃律王來朝，父事帝，（玄宗）還國，置綏遠軍，以[redacted]折吐蕃，故歲常戰。吐蕃每曰：我非利若國，我假道攻四鎮爾。

同書壹[redacted]叁伍高仙芝傳（參舊唐書壹佰肆高仙芝傳，新唐書貳貳壹下西域傳小勃律傳。）略云：

小勃律其王為吐蕃所誘，妻以女，故西北二十餘國皆羈
屬吐蕃。天寶六載詔仙芝以步騎一萬出討。八月
仙芝以小勃律王及妻自赤佛道還連雲堡，與（監
軍邊）令誠俱班師，於是拂林大食諸胡七十二
國皆震懾降附。

同書貳貳貳上南蠻傳南詔傳略云：

時（貞元時）唐兵屯京西朔方，大峙糧用，南北並攻
取故地，然南方轉饟稽期，兵不悉集。
吐蕃苦唐詔犄角，亦不敢圖南詔。（異牟尋）自今部將
（武）免按兵巂州，以節級鎮守，雖南詔境亦所在
屯戍。吐蕃徽悉野戰數北，乃屯三瀘水，遣論乞女熱
誘瀰瀘諸蠻，復城悉攝，悉攝吐蕃險要也。蠻
酋潛導南詔與（韋）自平部將杜毗羅狙擊。（貞元）十
七年春，夜絕瀘破虜屯，斬五百級，虜保鹿危

山，毗羅伏以待，又戰，虜大奔。於時康、黑衣大食等兵及吐蕃大酋皆降，獲二萬首。時虜[redacted]兵三萬攻鹽州，帝（德宗）以虜多詐，疑繼以大軍，詔[redacted]皋深鈔賊鄙，分虜勢。皋表賊精鎧多置南屯，今向鹽夏非全軍，欲掠河西党項畜産耳。俄聞虜破麟州，皋[redacted]督諸將分道出，或自西山，或由平夷，或下隴陀和石門，或經神川、納川，與南詔會。是時回鶻、太原、邠寧、涇原軍獵其北，劍南東川、山南兵震其東，鳳翔軍當其西，蜀、南詔深入，克城七，焚堡百五十所，斬首萬級，獲鎧械十五萬，圍昆明、維州，不能克，乃班師。振武、靈武兵破虜二萬，涇原、鳳翔軍敗虜原州，惟南詔攻其腹心，俘獲最多。

唐會要壹佰大食條（參考舊唐書壹玖捌西戎傳大食傳、新唐書貳貳壹下西域傳大食傳）略云：

又宗賈耽四夷述云：貞元二年（寅恪案，舊傳作「貞元中」，新傳作「貞元時」）[redacted]此衍年上兩字當譌。與吐蕃為勁敵，蕃兵大半西御大食，故鮮為邊患，其力不足也。

寅恪案，唐關中乃王畿，故安西四鎮為防護國家重心之要地，而小勃律所以成唐之西門也。玄宗之世，華夏、吐蕃、大食三大民族俱極武強，中國欲保其腹心之關隴，不能不固守四鎮，欲固守四鎮又不能不扼據小勃律，以制吐蕃，而斷絕其与大食通援之道。當時國際之情勢如是，唐代之開拓西北，遠征葱嶺中亞之地，蓋亦有不得已之故，未可專咎時主之黷武開邊也。夫中國与吐蕃既處於複雜外族交互之環境，而非中國与吐蕃一族單純之關係，故唐室君臣對於吐蕃施行之策略，亦即利用此諸外族相互之關係，易言之，即結合鄰接吐蕃諸外族，以為包圍環攻之計。據上引新書南詔傳已可知貞元十七年之大破吐蕃乃略收包圍環攻之效者，而吐蕃與中亞大食之關係及韋皐南康以南詔制吐蕃之策計，又均可於此傳窺見一二也。茲復別引史籍，以為證明於下：

舊唐書壹肆拾韋皐傳（新唐書壹伍捌韋皐傳同）云：

皐以雲南蠻眾數十萬與吐蕃和好，蕃人入寇，必以蠻為前鋒。（貞元）四年皐遣判官崔佐時入南詔蠻，說令向化，以離吐蕃之助。

新唐書貳貳貳上南蠻傳南詔傳略云：

（貞元）五年（異牟尋）遺（韋）皐帛書曰：願竭誠日新，歸款天子，請加戍劍南涇原等州，安西鎮

守，揭兵四臨，每回鶻諸國所在侵[illegible]掠，使吐蕃勢分
力散，不能為強。此西南隅不煩天兵，可以立功云。
舊唐書壹貳玖韓滉傳（新唐書壹貳陸韓休傳附滉傳同）云云：
時中土罷兵，兩河寧乂。滉上言，吐蕃盜有河湟，為
日已久，大曆已前，中國多難，所以肆其侵軼。臣聞
近歲已來，兵眾寖弱，西迫大食之強，北病迴紇
之眾，東有南詔之防，計其分鎮之外，戰兵在河
隴者五六萬而已。國家第令三數良將，長驅十
萬眾，於涼、鄯、洮、渭，並修堅城，各置二萬人，足
當守禦之要。臣請以當道（寅恪案，舊唐書壹貳[illegible]德宗紀上貞元二年七月丙午以浙江東西道節度使韓滉檢校尚書左僕射江淮轉運使。）所貯蓄財賦為饋運之費，
以充三年之費，然後營田積粟，且耕且戰，收復
河隴二十餘州，可翹足而待也。上[illegible]（德宗）甚納其

言。滉之入朝也，寅恪案，舊唐書壹貳德宗紀上貞元二年十一月乙未兩浙節度使韓滉來朝。
路由汴州，厚結劉玄佐，將薦其可任邊事，
玄佐納其賂，因許之。及來覲，上訪問焉，初
頗稟命，及滉以疾歸第，玄佐意怠，遂辭邊
任，盛陳犬戎未衰，不可輕進。滉貞元三年二月以
疾薨，遂寢其事。

同書同卷張延賞傳新唐書壹貳柒張嘉貞傳附延賞傳同。云：

（延賞）請減官員，收其俸祿，資幕職戰
士，俾劉玄佐復河湟，軍用不乏矣。上然之。
初韓滉入朝，至汴州，厚結劉玄佐，將薦其
可委邊任，玄佐亦欲自効，初稟命，及滉卒，
玄佐以疾辭，上遣中官勞問，卧以受命，延賞
知不可用，奏用李抱真，抱真亦辭不行，時抱真判官
陳曇奏事京師，延賞俾曇勸抱真，竟拒

絶之，蓋以延賞挾怨罷李晟兵柄，由是武臣不附。

通鑑貳叁貳貞元三年七月條略云：

（李）泌曰：臣能不用中國之兵，使吐蕃自困。上（德宗）曰：計將安出？對曰：臣未敢言之，上固問，不對。泌意欲結回紇（雲南大食）與共圖吐蕃，令吐蕃所備者多，知上素恨回紇，故不肯言。

同書貳叁叁貞元三年九月條略云：

（李泌）對曰：願陛下北和回紇，南通雲南，西結大食天竺，則吐蕃自困。上（德宗）曰：三國當如卿言，至于回紇則不可。泌曰：臣固知此，所以不敢早言，為今之計，當以回紇為先，三國差緩耳。上曰：所以招雲南大食天竺奈何？對曰：回紇和，則吐蕃已不敢輕犯塞矣。次招雲南，則是斷吐蕃之右臂也。大食在西域為最強，自葱嶺，盡西海，地幾半天下，與天竺皆慕中國，代與吐蕃為仇，臣故知其可招也。

劉晏、德宗、韓滉、李泌等皆欲施用，或已略實行，包圍環攻吐蕃之政策，若非唐室君主及將相大臣深知諸外族相互之關係，不能致此，而李長源之論尤為明悉，通鑑所採李繁鄴侯家傳，李繁著書雖不少誇大溢美之詞，（如劉玄佐之入朝，本出韓滉之勸促，而鄴侯家傳則歸功於李泌，司馬君實謂繁掠美，即其一例也，見通鑑考異貞元二年十一月條。）然校以同時關係諸史料，知其所述要為有所依據也。

前言唐太宗、高宗二朝全盛之世，竭中國之力，以取高麗，僅得之後，旋即退出，實由吐蕃熾盛，唐室為西北強敵所牽制，不得已乃在東北取消極退守之策略，然則吐蕃雖與高麗不接土壤，而[illegible]二者間之連環關係實影響於中夏數百年國運之隆替，[illegible]今述吐蕃事竟，即續論高麗者，乃為此連環關係也。

隋煬帝承文帝統一富庶之後，唐太宗藉內安外攘之威，傾中夏全國之力，以取高麗之小邦，然終於退敗，煬帝竟坐是以覆其宗，而太宗亦遺恨無窮，自來史家於此既鮮[redacted]卓識之議論，至唐高宗所以得而復失之故，復無一貫可通之解釋。節意（中國對高麗問題）隋前所謂外族盛衰之連環性外尚別具天時地利人和之三因素，而與其他外族更有不同，其涉及唐以前[redacted]之史事，者固不在本篇範圍，但即就[redacted]唐代[redacted]用兵高麗之本末（以論此三因素之關係）[redacted]於中國[redacted]唐前經營東北成敗利鈍所以然之故亦可得一一貫之通解也。

唐承宇文氏「關中本位政策」，其武力重心即府兵制設置於西北一隅，去高麗（東北方之）甚遠，中國東北方冀遼[redacted]之間[redacted]其[redacted]雨季在[redacted]舊曆六七月間，而舊曆八[redacted]九月至二[redacted]三月之間又為寒[redacted]凍之時期。[redacted]

[redacted]

故以關中遼遠距離之武力而欲制服遼東之地，必在凍期已過雨季未來之短時間取得全勝而後可，否則，雨潦泥濘苦寒冰雪者，於軍隊士馬之進攻，饑饉、糧糈輜重之輸運既[redacted]感困難，[redacted]苟複選一堅持久守之敵，必致無功或竟敗之禍。唐以前中國對遼東高麗進攻之戰略，為速戰速決者，其原因實在於此。若由海道以取高麗，則百濟新羅[redacted]為形勢所[redacted]關之地，能不苦於長途海戰之勞民，誰非先[redacted]以為根據[redacted]經略高麗，故取新羅以維之一國，存在一道接亦與高麗與中國之爭競，終於中國雖克高麗而[redacted]不能有，轉以為新羅強大之資[redacted]此吉田日瞻所不及料者也。

關於高麗問題，兹引史籍以供釋證，而此問題於時日之記
載先後最有關係，故節[redacted]錄通鑑所紀唐太宗伐
高麗之役於下，史籍作一例。其以干支記日者，悉注明數
字及月建大小盡，（略增刪改）[redacted]於時向之長短得一明確之觀念，
並補充𨚗注附載[redacted]遼所經重要城邑距長安洛陽之遠
近。讀者儻取時日與道里綜合推計，則不僅此役行軍運
糧之困難得知實狀，[redacted]而於國史上唐前之東北向問題亦可
具一概念也。

通鑑壹玖柒紀唐太宗伐高麗事略云：

上（太宗）將征高麗。（貞觀十八年）秋七月大盡。辛
卯二十日敕將作大匠閻立德等詣洪饒江三州造
船四百艘，以載軍糧。甲午二十三日下詔遣營州都督
張儉等帥幽營二都督兵及契丹奚靺鞨先擊
遼東，以觀其勢。以太常卿韋挺為饋運使，以

民部侍郎崔仁師副之，自河北諸州皆受挺節度，聽以便宜從事。又命太僕少卿蕭鋭運河南諸州糧入海。十月大盡。甲寅十四日。車駕行幸洛陽。宮城在今河南洛陽縣，遀與壹汴水汴州郡與河南府洛州去西京八百五十里。十一月大盡。壬申初二日至洛陽。前宜州刺史鄭元璹已致仕，上以其嘗從隋煬帝伐高麗，召詣行在問之。對曰：遼東道遠，糧運艱阻，東夷善守城，攻之不可猝下。上曰：今日非隋之比，公但聽之！甲午二十四日，以刑部尚書張亮為平壤道行軍大總管，帥江淮嶺峽兵四萬，長安洛陽募士三千，戰艦五百艘，自萊州泛海趨平壤。又以太子詹事左衛率李世勣為遼東道行軍大總管，帥步騎六萬及蘭河二州降胡趣遼東。兩軍合勢並進。庚子三十日，諸軍大集於幽州。

寅恪案，在今河北薊縣，通典卷一七八幽州郡與范陽郡幽州今理薊縣，去西京二千五百二十二里，去東京一千六百八十里。 手詔諭天下，言：「昔隋煬帝殘暴其下，高麗王仁愛其民，以思亂之軍，擊安和之衆，故不能成功，今略言必勝之道有五：一曰以大擊小，二曰以順討逆，三曰以治乘亂，四曰以逸待勞，五曰以悅當怨，何憂不克！布告元元，勿為疑懼！」十二月小盡。甲寅十四日。詔諸軍及新羅、百濟、奚、契丹，分道擊高麗。

十九年春正月小盡。韋挺坐不先行視漕渠，運米六百艘至盧思臺側，胡注云：「盧思臺去幽州八百里。此漕渠蓋即曹操伐烏丸所開泉州渠也。」淺塞不能進，械送洛陽。丁酉二十八日除名，以將作少匠李道裕代之。崔仁師亦坐免官。二月大盡。庚戌十二日。上自將諸軍發洛陽。是月，李世勣軍至幽州。三月小盡。丁丑九日。車駕至定州。寅恪案，在今河北定縣，通典卷一七八博陵郡定州今理安喜縣，去西京二千一百里，去東京一千二百里。 丁亥十九日。上謂侍臣曰：「遼東本

中國之地，隋氏四出師而不能得，朕今東征，欲為中
國報子弟之讎，高麗雪君父之恥耳。且方隅大定，
惟此未平，故及朕之未老，用士大夫餘力以取之。上將發，
太子（高宗）悲泣數日，上曰：今留汝鎮守，輔以俊賢，悲
泣何為？壬辰（二十四日），車駕發定州。李世勣軍發柳城，
宣指宋，在今熱河朝陽縣，通典一七八州郡典柳城郡營州
今理柳城縣，去西京五千里，去東京四千一百一十里。
多張形勢，若出懷遠鎮者，宣指宋，新唐書卷三九地理志柳城郡有懷遠
守捉城。而潛師北趣甬道，出高麗不意。夏四月
戊戌朔（初一日），世勣自通定濟遼水，胡注：通定鎮在遼水西，隋大業八
年伐遼所置。甬道，隋起浮橋度遼水所築。宣指宋，至玄菟，
通典一七八州郡典柳城郡營州西至遼河四百八十里。
[redacted]（前略）按宋，三國志[redacted]魏志卷三十東夷傳東沃沮傳云：（漢武帝
以沃沮城為玄菟郡，後為夷貊所侵，徙郡句麗西北，
今所謂玄菟故府是也。辭海云：
有遼山，遼水所出。高麗大駭，城邑皆閉門自
守。壬寅（初五日）遼東道副大總管江夏王道宗將兵

數千至新城，（實按：新城在今遼寧瀋陽縣西北。）城中無敢出者。營州都督
張儉將胡兵為前鋒，進度遼水，趨建安城。（胡注云：自遼東
城西行三百里至建安城。實按：胡注蓋依據新唐書卷四三下地理志引
賈耽所記入四夷道里也。）
丁未（初十日），車駕發幽州。壬子（十五日），李世勣（江夏王道宗）攻
高麗蓋牟城。（胡注云：蓋牟城在遼東城東北。實按：蓋牟城在今遼寧蓋平縣。）丁巳（二十日），車駕
至北平。（胡注云：此古北平也，隋志平州，唐為北平郡。實按：古北平在今河北
盧龍縣，一通典卷一七八州郡典：北平郡平州今盧龍縣，
東北到柳城郡七百里，去西京四千三百
二十里，去東京三千五百二十里。）癸亥（二十六日），李世勣等拔蓋牟
城，獲二萬口，糧十餘萬石。張亮帥舟師自東
萊渡海，襲卑沙城，（實按：隋書來護兒傳云：（大業）
十年又帥師度海，至卑奢城，高麗舉
國來戰，護兒大破之，斬首千餘級。將趣平壤，高元震懼，遣使
執叛臣斛斯政，詣遼東城下，上表請降，帝（煬帝）許之，遣
人持節召護兒旋師。
卑奢城即卑沙城也，可知識。）程名振引兵夜至，副總
管王大度先登。五月（小盡）己巳（初二日），拔之。分遣總管
丘孝忠等曜兵於鴨綠水。（實按：通典卷一八六邊防典高句麗傳云：馬訾水

一名鴨淥水，在平壤城西北四百五十里，遼水東南四百八十里。李世
澍云：馬訾水今謂之混同江。
勣進至遼東城下。（遼東城，在今遼陽縣北。）庚午（初三日）車駕
至遼澤，泥淖二百里，人馬不可通，將作大匠
閻立德布土作橋，軍不留行。壬申（初五日）渡遼澤東。乙
亥（初八日）高麗步騎四萬救遼東，既合戰，唐兵不
利，（江夏王）李道宗收散卒與驍騎數十衝之，左
右出入，李世勣引兵助之，高麗兵大敗。丁丑（初十日）車駕
度遼水，撤橋，以堅士卒之心。李世勣攻遼東城，晝
夜不息，旬有二日，上引精兵會之，甲申（十七日）城陷
之，所殺萬餘人，得勝兵萬餘[redacted]人，男女四萬口，以其
城為遼州。乙未（二十八日）進軍白巖城。（白巖城，在今遼陽縣東北。）
六月（大書）丁酉（初一日）城主孫代音請降，上受其降，
以白巖城為巖州。己亥（初三日）以蓋牟城為蓋州。
丁未（十一日）車駕發遼東。丙辰（二十日）至安市城（安市城，在今遼

寧慕二千騎東北進，兵攻之。丁巳二十日北部耨薩高延壽惠真
帥高麗靺鞨兵十五萬救安市，上謂侍臣曰：今
為延壽策有三：引兵直前，連安市城為壘，攻之，
不可猝下，欲歸，則泥潦為阻，坐困吾軍，上策也；
拔城中之眾，與之宵遁，中策也，來與吾戰，下策也。
高麗有對盧，年老習事，謂延壽曰：為吾計者，莫
若頓兵不戰，曠日持久，遣奇兵斷其運道，糧食
既盡，求戰不得，欲歸無路，乃可勝也。延壽不從，
引軍直進，去安市城四十里。江夏王道宗曰：高
麗傾國以拒王師，平壤之守必弱，願假臣精卒
五千，覆其本根，則數十萬眾可不戰而降，上不
應。戊午二十一日諸軍並進，高麗大潰，斬首二萬餘
級。己未二十二日延壽惠真帥其眾三萬六千八百人

（來）降，獲馬五萬匹，牛五百頭，鐵甲萬領，佗
器械稱是，高麗舉國大駭，上驛書報太子，
更所幸山曰駐蹕山。秋七月辛未初五日。上徙營
安市城之東嶺。上之克白巖也，謂李世勣曰：
吾聞安市城險而兵精，建安兵弱而糧少，公
可先攻建安，建安下，則安市在吾腹中。對曰：
建安在南，安市在北，吾軍糧皆在遼東，若賊
斷吾糧道，將若之何？不如先攻安市，安市下，
則取建安耳。上曰：以公為將，安得不用公策。世勣
遂攻安市，攻久不下。二高延壽惠真請於上曰：安
市人自為戰，未易猝拔，烏骨城耨薩老耄，
不能堅守，移兵臨之，朝至夕克，其餘當道
小城，必望風奔潰，鼓行而前，平壤必不守矣。羣
[redacted]臣亦言：張亮在沙城，胡注云：即卑沙城。召之信宿可至，

（十八日 三字小注）

併力拔烏骨城，度鴨綠水，直取平壤，在此舉矣。上將從之。獨長孫無忌以為建安新城之虜，眾猶數十萬，若向烏骨，皆躡吾後，不如先破安市，取建安，然後長驅而進，此萬全之策也。上乃止。諸軍急攻安市，江夏王道宗督眾築土山，逼其城，晝夜不息，凡六旬，用功五十萬，上以遼左早寒，草枯水凍，士馬難久留，且糧食將盡。九月（大書。當從宋本，是年八月小書）癸未敕班師，命李世勣、江夏王道宗將步騎四萬為殿。乙酉（二十日）至遼東。丙戌（二十一日）至遼水，遼澤泥潦，車馬不通，命長孫無忌將萬人翦草填道，以車為梁，上自繫薪於馬鞘以助役。冬十月（小書）丙申朔（一日）上至蒲溝，駐馬督填道，諸軍度渤錯水，（胡注云：蒲溝、渤錯水，皆在遼澤中。）暴風雪，士卒沾濕多死者。凡征高麗，戰士死者幾二千人，戰馬死者什七八，上以不能成功，深悔之，歎曰：「魏徵若在，不使我有是行也！」命馳驛祀徵以少牢，復立所製碑，召其妻子詣行在，勞賜之。丙午（十日），至營州，丙辰（二十日），上聞太子奉迎將至，從飛騎三千人馳入臨渝關，（寅恪案：通典壹柒捌州郡典北平郡平州盧龍縣有臨渝關，在縣東一百八十里。）道逢太子。上之發定州也，指所御褐袍，謂太子曰：「俟見汝，乃易此袍耳。」在遼左，雖盛暑流汗，弗之易。及秋，穿敗，左右請易之，上曰：「軍士衣多弊，吾獨御新衣，可乎？」至是，太子進新衣，乃易之。十一月（大盡）辛未（初七日），車駕至幽州。庚辰（十六日），過易州境。（寅恪案：今河北易縣，通典壹柒捌上谷郡易州去西京二千一百九十七里，去東京一千四百六十二里。）丙戌（二十二日），車駕至定州。壬辰（二十八日），車駕發定州。十二月（小盡）戊申（十四日），至并州。（寅恪案：今山西太原縣，通典壹柒玖太原府并州今理太原晉陽二縣，去西京一千三百里，去東京八百八十五里。）

二十年二月大盡乙未初二日上發并州。三月小盡己巳初七日車駕還京師。（寅恪案，今西京市。）上謂李靖曰：吾以天下之衆困於小夷，何也？靖曰：此道宗所解。上顧問江夏王道宗，具陳在駐蹕時乘虛取平壤之言。上悵然曰：當時匆匆，吾不憶也。

寅恪案，唐太宗之伐高麗，於貞觀十八年秋冬間着手準備，至十八年歲之後，即十九年二月間太宗發洛陽，李世勣會集陸軍即戰艦之主力於幽州，於是開始出動，蓋非至春晚氣候稍暖，不能於東北行軍也。又歷二月之久，至五月初李世勣軍進至遼東城下，太宗亦於此時度遼澤，但為泥淖阻滯，至一星期之久，始與世勣會合，其行軍已嫌遲緩[redacted]。[redacted]及攻圍遼東城經十[redacted]餘日，方[redacted]能克之，乃在五月中旬將盡之際，[redacted]頓兵安市，由六月二十日至九月十八日，約三月之久，而不能取其城。遼地秋晚氣候轉寒，若不速[redacted]班師，則進退維谷，必將全軍覆沒，此太宗所以致慨於「以天下之眾困於小夷」也。史述江夏王道宗出奇之計，高延壽惠真其攻烏骨之策，及太宗越安市先取建安之議，實俱不可「施行，特為紙上之快談耳，觀李世勣長孫無忌之言可知也。至太宗雖經略者而不易樂縱一事，傳為美談，實則太宗明知此役[redacted]利在速戰速決，但若至秋季不能復其者稱范之時，無論勝敗如何，斷不能不班師歸來，與太子相見，故不妨先作豪語，兼可因此以收人心，斯亦英雄權譎之一端歟？又張亮等雖竟率涉，竟無寸效者，[redacted]始從海道攻高麗，與百濟[redacted]之關係甚大，觀於同一李世勣之人，在太宗貞觀時不能勝高麗，而在高宗總章時轉能滅其國者，固由敵人內亂，有可乘之隙，百濟[redacted]之先已取得[redacted]要為其重要原因也。其他[redacted]史籍[redacted]所載太宗伐高麗之功績，[redacted]多是官書掩飾其失敗之詞，既不足信，故亦可不辨。

新唐書貳貳拾東夷傳高句麗傳（舊唐書壹玖玖上東夷傳，新傳高句麗傳，唐[redacted]會要玖玖）略云：

（泉）蓋蘇文死，子男生代為莫離支，與弟男建男產相怨，男生據國內城，遣子獻誠入朝求救，蓋蘇文弟亦請割地降。（乾封元年）九月（高麗）同善破高句麗兵，男生率師來會。以李勣為遼東道行軍大總管，轉燕趙食廥遼。明年勣次新城，城人縛戍酋出降，勣進拔城十有六。郭待封以舟師濟海趨（平壤）。三年，（是年改元總章。）勣率（薛）仁貴拔扶餘城，它城三十皆納款。侍御史賈言忠計事還，帝

問，軍中云何？」對曰：「必克。昔先帝問罪，所以不[redacted]得
志者，虜未有釁也。今男生兄弟鬩很，為我鄉道，
虜之情偽我盡知之，故曰必克。」男建以兵五萬襲
扶餘，勣破之薩賀水上，進拔大行城，契苾何力
會勣軍于鴨淥，拔辱夷城，悉師圍平壤。九月
（勣縱）兵譟而入（城），執（高麗王高）藏、男產等，收凡
五部七十六城，户六十九萬，剖其地為都督府者九，
州四十二，縣百，復置安東都護府，擢酋長有功
者授都督刺史，令與華官參治，仁貴為都護，
總兵鎮之。總章二年[redacted]大長鉗[redacted]
鉗通鑑壹佰壹戲亨
元年作
鉗牟岑率眾反，立藏外孫安舜為王，詔高侃（等）

討之，舜殺鉗牟岑，走新羅，仍徙都護府治遼州，儀鳳二年，授藏遼東都督，封朝鮮郡王，[redacted]還遼東，以安餘民，徙安東都護府於新城，藏以永淳初死，葬白城。往往入新羅，遺人散奔突厥、靺鞨。

舊唐書壹玖玖上東夷傳新羅傳（參新唐書貳貳拾東夷傳新羅傳，唐會要玖伍新羅條）略云：

太宗將親伐高麗，詔新羅纂集士馬，應接大軍，新羅遣大臣領兵五萬人，入高麗南界，攻水口城降龍朔元年死，法敏襲王。咸亨五年，納高麗叛衆，略百濟地，守之。帝（高宗）怒，以其弟仁問為新羅王，自京師歸國，詔劉仁軌發兵窮討。上元二年，仁軌破其衆於七重城，詔李謹行為安東鎮撫大使，屯買肖城，三戰，虜皆北，法敏遣使入朝謝罪，仁問乃還。

小注
自「龍朔元年」至「仁問乃還」一段，即為新羅之文。

之。（貞觀）二十一年，（新羅王金）善德死，立其妹真德為王。永徽元年，真德大破百濟之衆。三年，真德死，以春秋嗣，立為新羅王。六年，百濟與高麗、靺鞨率兵侵其北界，攻陷三十餘城，春秋遣使上表求救。顯慶五年，命左武衛大將軍蘇定方為熊津道大總管，統水陸十萬，仍令春秋為嵎夷道總管，與定方討平百濟，俘其王扶餘義慈，獻闕下。自是新羅漸有高麗、百濟之地，其界益大，西至於海。實協辛，唐會要云：「既盡有百濟之地及高句麗南境，東西約九百里，南北約一千八百里。」語蘇明秉心。

唐會要玖伍百濟傳參舊唐書玖玖上、新唐書武苍指東夷傳百濟傳。略云：

百濟者，本扶餘之別種，當馬韓之故地，大海之北，小海之南，東北至新羅，西至越州，南渡海至倭國。與新羅為仇讎。

貞觀十六年，與高麗通和，以絕新羅入朝之路。
太宗親征高麗，百濟懷二，數年之間朝貢遂
絕。顯慶五年八月十三日左衛大將軍蘇定[redacted]方
討平之，虜其王義慈及太子崇將校五十八人[redacted]
送于京師。其國分為五部，統郡三十七城二百
户七十六萬，至是以其地置熊津、馬韓、東明
金漣、德安等五都督，各統州縣，立其酋長
為都督刺史縣令，命左衛郎將王文度為都統，

抬上頁。併排大字。

此二行小注

舊紀：福信與浮屠道琛反，迎故王子扶餘豐立為王。龍朔元年（劉）仁軌發新羅兵往救。二年（劉）仁願遣劉仁軌破其衆，豐走不知所在，諸城皆復，帝（高宗）以扶餘隆為熊津都督，俾歸國，平新羅故憾，招還遺人。麟德二年與新羅王會熊津，刑白馬以盟，仁願等還，隆畏衆攜散，亦歸京師（自福信至「京師」一節為新傳之文。）

總兵以鎮之。

新唐書貳壹陸吐蕃傳上（參舊唐書壹玖陸上吐蕃傳[redacted]及[redacted]舊唐書捌叁，新唐書壹壹壹薛仁貴傳。）略云：

自是歲入邊，盡破有諸羌羈縻十二州。總章中，議徙吐谷渾于涼州旁南山，帝（高宗）以吐蕃之入，召宰相（姜恪等）議，先擊吐蕃，議不決，亦不克徙。咸亨元年，（入殘羈縻十八州）率于闐取龜茲撥換城，於是安西四鎮並廢。詔薛仁貴為邏娑道行軍大總管，阿史那道真、郭待封副之，出討吐蕃，并護吐谷渾還國。師凡十餘萬，至大非川，為欽陷所拒，王師敗績，遂滅以若渾，而有其地，實據矣，高宗時代高麗得勝之主因在高麗之內亂。既得其國而終不能有，則以吐蕃崛盛，西北危急，更無餘力經營東北也。自此以後，高麗廢而新羅渤海興，唐室對於東北遂採退守之政策，惟於大同江以南高麗之地實際固不能有，而名義尚欲保持。及至玄宗開元全盛之時，即此虛名亦竟放棄，斯誠所謂唐代對外之一大事。茲特迻錄關係史料全文於下，治吾國中古史者讀之，不能不為之驚心怵目感歎不已也。

冊府元龜玖柒壹外臣部朝貢門云：

（開元二十四年）六月，新羅王金興光遣使賀獻表曰：臣伏奉恩敕，浿江已南，宜令新羅安置！臣生居海裔，沐化聖朝，雖丹素為心，而功無可效，以忠正為事，而勞不足賞。陛下降雨露之恩，發日月之詔，錫臣境土，廣臣邑居，遂使墾闢有期，曲庇柔得所，陛奉絲綸之音，荷榮寵之深，粉骨糜身，無由上答。

南詔與其他外族之盛衰連環性，觀前引關於吐蕃諸條，已可知其概略，蓋吐蕃國勢自貞元後開始衰弱，文宗以後愈見不振。中國自韋皋帥蜀，定與南詔合攻吐蕃之策，本有利於西方，但南詔屢得勝利，而中國未能增防，大和三年南詔遂陷邛戎巂三州，入據成都，西川大困，見舊唐書壹玖柒、新唐書貳貳貳中南蠻傳南詔傳及舊唐書壹陸叁、新唐書玖陸杜如晦傳附元穎傳。通鑑貳肆玖大中十二年六月條略云：

初安南都護李琢為政貪暴，群蠻怨怒，導南詔侵盜邊境，自是安南始有蠻患。

同書同卷大中十三年宗崩條略云：

初韋皋在西川，開青溪道，以通群蠻，使由蜀入貢，又選群蠻子弟，聚之成都，教以書數，欲以慰悅羈縻之，如是五十年，群蠻子弟學於成都者殆以千數，軍府頗厭於稟給，又屢使入貢，利於賜與，所從傔人寖多，杜悰為西川節度使，奏請節減其數，詔從之。南詔豐祐怒，自是入貢不時，頗擾邊境。會宣宗崩，遣中使告哀，適豐祐亦卒，子酋龍立，禮遇（使者）甚薄，上（懿宗）以酋龍不遣使來告喪，又名近玄宗諱，遂不行冊禮，酋龍乃自稱皇帝，遣兵陷播州。

胡注云：

為南詔攻蜀攻交趾張本。

然則宣宗末世南詔始大為邊患，究其隱蔽之原因，則緣吐蕃及中國既衰，其鄰接諸國俱無力足與為敵之故。至於此後中國內政所受南詔之影響，直繫於唐室之興亡，不止於邊境之患而已，下文別述之，茲暫不涉及。又凡唐代中國與外族之關係，今已論其重要者，其餘雖悉從略，然亦可以前所言之義例推之也。

中國無論何代，即號稱閉關政策之時，而實際終難免不與其他民族接觸，李唐一代其與外族和平及戰爭互相接觸之頻繁，尤甚於以前諸朝，故其所受外族影響之深且鉅，更不待言。但關於宗教文化者，固非今所論之範圍，即直接影響及於政治者，亦只能舉一二大事，以為例證，未遑詳盡論述之也。

鄴侯家傳論府兵廢止之原因，其一為長期兵役，取劉仁軌任洮河鎮守使為例證。（見玉海壹叁捌兵制門所引，通鑑貳叁貳貞元二年八月條亦採自鄴侯家傳。）蓋唐代府兵之制，其特異於西魏北周時期者，在於設置軍府區域內兵農之合一，吐蕃強盛之長久為與唐代中國接觸諸外族所不及，其地又逼近中國之西北邊境，故防御吐蕃不能不有長期久戍之兵役健兒，而非從事農業之更番衛士所得勝任，府兵制遂因以破壞，則鄴侯家傳所述可謂一語破的。此吐蕃之長期強為所給予中國內政上最大之影響者也。關於府兵制前期之問題，詳見拙著隋唐制度淵源略論稿兵制章，茲可不論，惟唐代府兵為兵農合一制一點，恐讀者或尚持兵農分離說而不之信，請略舉一二例證，以祛其疑焉：

一、通典陸食貨典賦稅下載唐高宗龍朔三年七月制：衛士八等已下每年五十八放令出軍，此制之前載（高祖武德）九年三月詔：天下戶立三等，未其並升降（後略）宜為九等。之文，故可據以推定龍朔三年七月制中八等之八等，乃指戶之等第而言。無則此制蓋[redacted]初期僅於循二八等也，上某家戶者不同，即[redacted]此制已推廣普及於[redacted]設置通軍府區域內全部人民之確證也。

二、貞觀政要貳直諫（附）魏鄭公諫錄略云：

陳[redacted]貞觀三年詔關中租稅[redacted]免二年，傳（矣）

右僕射封德彝等並欲中男十八已上[redacted]簡點入軍，敕三四出，（魏）徵執奏以為不可。太宗怒，乃出敕：中男已上，雖未十八，身形壯大，亦取。（魏）徵又不從。太宗曰：中男若實小，自不點入軍，若實大，亦可簡取。徵曰：若次男已上盡點入軍，租賦雜徭將何取給？且比年國家衛士不堪攻戰，豈為其少？但若精簡壯健，人百其勇，何必在多？

通鑑[redacted]壹玖貳武德九年十二月亦載此事，胡注云：

[redacted]制，民年十六為中男，十八始成丁，二十一為丁，充力役。

按觀徵之租賦雜徭將何取給之語推之，則人民未充衛士時，須擔負租賦雜徭之義務，是一人之身兼充兵務農之二業也，豈非唐代府兵制兵農合一之明證[redacted]乎？[redacted]今不能[redacted]詳論，僅略述大意，附注於此。

回紇與中國府兵之關係論者頗衆，又不屬本篇範圍，自可不言，其於類與中國接觸，而影響及於戰時之財政經濟者，亦非所欲論，茲僅略述迴紇與中國在和平時期財政經濟關係於下：

新唐書伍拾兵志云：

乾元後回紇恃功，歲入馬取繒，馬皆病弱不可用。

同書伍壹食貨志云：

回紇有助收西京功，代宗厚遇之，與中國婚姻，歲送馬十萬匹，酬以縑帛百餘萬匹，而中國財力屈竭，歲負馬價。

舊唐書壹玖伍迴紇傳略云：

（迴紇）可汗使謂休曰：所欠吾馬直絹一百四十萬疋，當速歸之！

同書壹玖伍迴紇傳（參新唐書貳壹柒上回鶻傳。）略云：

迴紇恃功，自乾元後之屢遣使以馬和市繒帛，仍歲來市，以馬一匹易絹四十匹，絹新傳作縑。動至數萬匹，其使候遣，繼留於鴻臚寺者非一，蕃得帛無厭，我得馬無用，朝廷甚苦之。是時特詔厚賜遣之，示以廣恩，且俾知愧也。是月（大曆八年十一月），[redacted]迴紇使使赤心領馬一萬匹來求市，代宗以馬價出於租賦，不欲重困於民，命有司量入計，許市六千匹。（貞元）八年七月，以以迴紇藥羅葛靈檢校右僕射，仍給市馬絹[redacted]七萬匹。[redacted]迴鶻請和親，憲宗使有司計之，禮費約五百萬貫，方內有誅討未任其親。

新唐書貳壹柒上回鶻傳[redacted]參考李相國論事集略云：

（回鶻）遣伊難珠再請昏，可汗以三千騎至鸊鵜泉，於是振武以兵屯黑山，治天德城備虜。禮部南書李絳奏云：北狄貪沒，唯利是視，比進規馬直，再歲不至，豈厭繒帛之利哉？殆欲風高馬肥而肆侵軼，北狄西戎素相攻討，故邊無虞。今回鶻不市馬，若與吐蕃結約解讎，則將臣閑壁憚戰，邊人拱手受禍。臣謂宜聽其昏，使守藩禮。或曰降主費多，臣謂不然，我三分天下賦，以一事邊，今東南大縣歲賦三十萬緡，以一縣賦為婚貲，非損寡得大乎？今惜貲不與，假如王師北征，兵非三萬騎五千不能折且馳也。又如保十全之勝，一歲輒罷，其饋餉供擬豈止一縣賦哉？辭[redacted]（憲宗）不聽。

白氏長慶集肆新樂府云：

陰山道。[redacted]疾貪虜也。

陰山道，陰山道，紇邏敦肥水泉好。每至戎人送馬時，道旁千里無纖草。草盡泉枯馬病羸，飛龍但印馬與皮。五十匹縑易一匹。縑去馬來無了日。養無所用去非宜。每歲死傷十六七。縑絲不足女工苦。疏織短截充匹數。藕絲蛛網三丈餘。迴紇訴稱無用處。咸安公主號可敦，遠為可汗頻奏論。元和二年下新敕。內出金帛酬馬直。仍詔江淮馬價縑。從此不令疏短織。合羅將軍呼萬歲。捧授金銀與縑綵。誰知黠虜啓貪心。明年馬多來一倍。縑漸好。馬漸多。陰山虜。奈爾何！

寅恪案，唐與迴紇在和平時之國際中之馬價為國家財政之一大問題，李絳所言，憲宗豈不能知了，而終不許迴紇昏者，實是中國財力有所不及，故寧忍借昏費，而徼倖其不來侵邊也。白香山新樂府陰山道一詩即寫當日之實狀者。據舊唐書肆捌食貨志通鑑與陸長源與云云

提行低格

開元[redacted]八年正月敕：頃者以庸調無憑，好惡須準，故遣作樣，以頒諸州，令其好不得過精，惡不得至濫，任土作貢，防源斯在，而諸州[redacted]送物，任巧生端，苟欲副於斤兩，遂則加其丈尺，至有五丈為[redacted]足匹，理甚不然，闊一尺八寸，長四丈，同文共軌，其事久行，立樣之時，亦載此數，若求兩而加尺，甚暮四而朝三，宜令有司簡閱，有踰於比年常例，丈尺過多，奏聞！

然則唐代定制，絲織品長以四丈為疋，而迴紇馬價縑一疋長止三丈餘，且更疏織，宜召迴紇之怨訴，唐室之應付此項財政[redacted]困難，計出於無聊，抑又可知矣。

提行低格

又迴紇在和平時代與中國政府財政關係既如上述，其與中國人民經濟關係亦有可略言者：如冊府元龜玖柒玖外臣部和親門[redacted]（參考舊唐書壹叁叁李晟傳附甚傳。）云：

大和五年六月有龍武大將軍李甚之子某借迴紇

錢一萬一千二百貫，不償，為迴紇所訴，貶其宣州別駕。下詔戒飭曰：如聞頃來京城內衣冠子弟及諸軍使並商人百姓等多有舉諸蕃客本錢，歲月稍深，徵索不得，致蕃客停滯，市易不合及時。自今已後，應諸色人宜准勅互市外，不得輒與蕃客交關！委御史臺及京兆府切加捉[redacted]搦，仍即作件聞奏，其今日已前所欠員，委府縣速與徵理處分！

又新唐書貳壹柒上回鶻傳（參考舊唐書壹貳柒張光晟傳及通鑑貳貳陸建中元年八月甲午條。）云：

始回紇至[redacted]中國，常參以九姓胡，往往留京師，至千人，居貲殖產甚厚。

據新唐書貳貳壹下西域傳康國傳，（中篇已引。）九姓胡即中亞昭武九姓族類，所謂西域賈胡者是也，其假借迴紇勢力，僑居中國，居貲巨產，殆如今日猶太商人假借歐美列強勢力來華通商之比耶？斯亦唐代中國在和平時[redacted]人民經濟所受[redacted]外族影響之一例也。

[redacted]

[redacted]新唐書壹肆捌康日知傳附承訓傳（參考舊唐[redacted]書壹玖上懿宗紀咸通四年五年九年等）讚衛略云：

咸通中，南詔復盜邊，武寧兵七百戍桂州，（寅恪案：新唐書陸伍方鎮表武寧軍節度使治徐州。）六歲不得代，列校許佶、趙可立因眾怒，殺都將，詣監軍使丐糧鎧北還，不許，即擅斧庫，劫戰械，推糧料判官龐勛為長，勒眾上道。懿宗遣中人張敬思部送，詔本道觀察使崔彥曾慰安之。次潭州，監軍詭奪其軍，勛畏必誅，篡舟循江下，益裒兵，招亡命，遂入徐州，據之。帝遣中人康道隱宣慰徐州，道隱還，固求節度，帝乃拜承訓徐泗行營都招討使，率魏博、鄜延、義武、鳳翔、沙陀、吐渾兵二十萬討之，[redacted]，（以勛其父）舉直、[redacted]守徐州，（承訓使降將張玄稔破徐州，）勛聞徐已拔，[redacted]自石山而西，所在焚掠，承訓悉兵八萬逐北，沙陀將朱邪赤衷急追，至宋州，[redacted]勛焚南城，為刺史鄭沖所破，將南趨亳，承訓循渙而東，賊走蘄縣，官兵斷橋，不及濟，承訓乃縱擊之，斬首萬級，餘皆溺死，閱三日，得勛尸。

舊唐書壹玖下僖宗紀 參考舊唐書壹陸壹李光顏傳，新唐書壹柒壹李光顏傳（壹陸柒王播傳附式傳），貳佰捌宦者傳田令孜傳，貳壹捌沙陀傳，又同書肆叁下地理志西鶻慶州迴紇州雞田州條及陸肆方鎮表興鳳隴欄大中五年條等。

略云：

乾符四年十二月（黃巢）賊陷江陵之郛，（荊南節度使楊）

知溫求救於襄陽，山南東道節度使李福悉其師援之，時沙陀軍五百騎在襄陽，軍次荊門，騎軍擊賊，敗之，賊盡焚荊南郛郭而去。

中和三年四月庚辰收復京城，天下行營兵馬都監楊復光上章告捷曰：雁門節度使李克用殺賊無非手及，入陣率以身先，忠武黃頭軍使龐從等三十二都隨李克用自光泰門先入京師，力摧兇醜，伏自收平京國，三面皆立大功，若破敵摧鋒，雁門實居其首。五月王鐸罷行營都統，時中尉田令孜自賢帷幄之功，以鐸用兵無功，而由楊復光建策召沙陀，成破賊之效，欲權歸北司，乃黜王鐸而悅復光也。（中[redacted]已引。五月條）

新唐書貳貳貳中南蠻傳南詔傳（參考通鑑咸在卷、[redacted]蠻咸通元年條及胡注。）云：會西川節度使重申和議，時盧攜復輔政，與豆盧瑑皆厚（宗和之高）騈，乃請說帝（僖宗）

曰：宣宗皇帝收三州七關，平江嶺以南，至大中十四年內庫貯積如山，戶部延資充滿，故宰相白敏中領西川，庫錢至三百萬緡，諸道亦然。咸通以來蠻始叛命，再入安南、邕管，一破黔州，四盜西川，遂圍盧耽，召兵東方，戍海門，天下騷動，十有五年，賦輸不內京師者過半，中藏空虛，士死瘴癘，燎骨傳灰，人不念家，亡命為盜，可為痛心。

宣懿宗，唐室中央政府戰勝龐勛、黃巢，[redacted]實賴沙陀部落之助，蓋府兵制度破壞既久已復，舍胡兵外，[redacted]殆不易得其他可用之武力也。至黃頭軍疑[redacted]出自迴紇，與沙陀同為胡族，蓋以其問題複雜，史料闕乏，未能於此詳論。但觀唐季朝廷之忌憚曲宥沙陀，終[redacted]收破滅黃巢之效，則外族與內政關係之密切，從可推知也。又咸通以後南詔[redacted][illegible]之唐財政及內亂，[redacted]頗与明季「[redacted]書述[redacted]餉及流寇事相類，此誠外患內亂互相關涉之[redacted]顯著例證也。又黃巢既破壞東南財賦之區，（見上徵所引舊唐書壹肆憲宗紀上元和二年十二月己卯史官李吉甫撰元和國計簿條。）時溥復斷絕運輸之汴路，（詳見崔致遠桂苑筆耕集及拙著「秦婦吟校箋」。）[redacted]劉鏹東南經濟力量及科舉文化[redacted]以維持之李唐皇室[redacted]自不得不傾覆[redacted]矣。史家又推迹龐勛之作亂[redacted]於由南詔之侵邊，而勛根據之所在[redacted]適為汴路之咽喉，故宋子京曰：「唐亡於黃巢，而禍基於桂林。」（新唐書南詔傳贊）嗚呼！世之[redacted]讀史者儻亦有感於斯言歟？

重印後記

父親逝世於一九六九年十月七日，四十五天後，母親也隨父親而去。在那段風雨如晦、動蕩不安的日子裏，我們姊妹深感困惑。轉瞬間，父母逝世四十週年的祭日即將到來，不禁勾起塵封在我們記憶中的許多往事。回想父親在抗日戰爭逃難途中丟失了他傾注大量心血批註的書籍，係『廿年來所擬著述而未成之稿』，此事一度對他打擊甚大，但依舊認真授課、撰文，寫成《唐代政治史述論稿》等多篇重要論著。

那時我家暫居香港，由於戰火，致使由香港往內地及香港至英國的路途受阻，又遇父母均病，加之經濟窘迫，令我們行止兩難，進退維谷。儘管如此，父親在一九四一年初，仍打算冒險赴歐戰正酣的英倫，應牛津大學之聘，以實踐承諾。如他寫給好友傅斯年的信中云：『……弟已寫成二書（一爲隋唐制度淵源論、一爲唐代政治史略），數年來所臆餘在腦中之材料已寫出一部分，……而途中若遇險，亦不致全無成績遺留也。』父母在『國難、家愁』的艱苦歲月裏，共同鈔寫謄清了《唐代政治史略稿》的初稿增改本。今請上海古籍出版社重印此手寫本，藉以告慰雙親在天之靈。

流求　二〇〇八年十一月二十一日

陳　　謹述

美延　　母親辭世三十九週年